¡Captado!

1

99/3/GM 1

John Connor
Roselyne Bernabeu

JOHN MURRAY

Acknowledgements

Thanks to Kit for lending John to John Murray, to Alex and Vicky for the faces, and to Isabel Melero Orta and María Isabel Gerpe Piosa for their help with authentic material. Roselyne Bernabeu would like to thank Elise and Geoff for their support.

Photographs are reproduced by courtesy of:

Cover: Turismo Navarra; **p.4** Isabel Melero Orta; **p.6** l & r David Simson; **p.8** Isabel Melero Orta; **p.10** tl David Simson, tr John Townson/Creation; **p.12** John Connor; **p.13** t, ct & cb Isabel Melero Orta, b Roselyne Bernabeu; **p.14** John Connor; **p.15** David Simson; **p.18** tl Isabel Melero Orta, tr Stockmarket, bl & br David Simson; **p.19** all photos David Simson; **p.22** Caroline Bishop; **p.23** t Isabel Melero Orta, b David Simson; **p.25** Spanish Tourist Office; **p.29** tl & tr David Simson, cr Stockmarket, br © Zefa/Stockmarket; **p.31** t & b David Simson; **p.36** David Simson; **p.39** t, cb & b David Simson, ct Isabel Melero Orta; **p.42** tl The Stock Market, tr, bl & br David Simson; **p.44** from top David Simson, John Connor, l & r David Simson, Isabel Melero Orta, David Simson, Stockmarket & Isabel Melero Orta; **p.45** from top Isabel Melero Orta, David Simson, David Simson, Isabel Melero Orta, David Simson, David Simson & Isabel Melero Orta; **p.55** t Isabel Melero Orta, b © Tony Stone Worldwide/Dave Cannon; **p.59** l Christies, London/ Bridgeman Art Library, London © DACS 1998, c Louvre, Paris/ Bridgeman Art Library, London, r David Simson; **p.64** Gonzalo Martínez Azumendi; **p.67** Rex Features/Charles Ommanney; **p.69** David Simson; **p.70** David Simson; **p.75** David Simson; **p.77** David Simson; **p.80** l & r David Simson; **p. 92** tl, tr, cr, bl & br David Simson, cl The Stock Market; **p.100** Isabel Melero Orta; **p.102** David Simson; **p.104** Isabel Melero Orta; **p.105** tl, tr David Simson; **p.105** all photos David Simson; **p.106** a, d & e Spanish Tourist Office, b, c & f: David Simson; **p.108** Isabel Melero Orta; **p.111** t Isabel Melero Orta, b © Tony Stone Worldwide/Dave Cannon; **p.112** tl & tr David Simson, bl & br Stockmarket, cr Carolyn Burch; **p.113** John Connor; **p.117** t & b David Simson; **p.119** Spanish Tourist Office; **p.120** t, cb, bl & br Spanish Tourist Office, ct David Simson; **p.121** tl Isabel Melero Orta, bl & r David Simson; **p.125** all photos David Simson; **p.126** a Archivo Fotografico del Servicio de Turismo del Gobierno de Navarra, b & f David Simson, c Isabel Melero Orta, d & e Spanish Tourist Office; **p.127** l & r David Simson, c Archivo Fotografico del Servicio de Turismo del Gobierno de Navarra; **p.130** 1 & 5 Isabel Melero Orta, 2, 3 & 4 David Simson; **p.137** David Simson; **p.139** The Stock Market; **p.141** Isabel Melero Orta; **p.143** David Simson; **p.145** David Simson; **p.146** tl, tr, bl & bc John Townson/Creation, br The Stock Market; **p.160** John Connor; **p.168** David Simson; **p.172** David Simson; **p.179** The Stock Market; **p.180** a, b, c, d & e David Simson, f Spanish Tourist Office; **p.185** John Townson/ Creation.

b = bottom, c =centre, l =left, r =right, t =top.

First published in 1998
by John Murray (Publishers) Ltd
50 Albemarle Street
London W1X 4BD

Layouts by Amanda Hawkes.
Artwork by Art Construction, Tom Cross and Mary Hall/Linden Artists.
Cartoons by Andy Robb/Linden Artists.
Cover design by John Townson/Creation.
Language Adviser: Xosé Luis de Toro.
Cassettes engineered by Pete O'Connor at Gun Turret Studios, Bromsgrove.

Colour separations by Colourscript, Mildenhall.
Typeset in 12/14pt Goudy by Wearset, Boldon, Tyne and Wear.
Printed and bound by G. Canale, Italy.

A catalogue entry for this title is available from the British Library.

ISBN 0 7195 7402 1
Teacher's Resource File ISBN 0 7195 7403 X
Cassette Set ISBN 0 7195 7404 8

Contents

Introduction

¡Captado! is a two-stage course for GCSE Spanish. This book, *¡Captado! 1*, is the first stage: it covers all the main Spanish language structures you will need in the examination, and it covers the vocabulary you need for the following topics:

- home
- family
- friends
- free-time activities
- food
- health and fitness

- holidays and special occasions
- school
- moving on to further education
- life at work
- communications at work
- careers and employment

The topics and the characters

These topics are presented in a series of twelve units, based on the lives and relationships of a group of Spanish-speaking people. The five main characters are:

Marisol, 18, who has just left her home in Pamplona to start a university course in Salamanca where she makes new friends including Susana, a Colombian girl.

Miguel, 17, who lives in Pamplona and has a weekend job at a stationery store.

Ana, 16, at school in Pamplona and living with her single-parent father, Felipe.

Felipe, Ana's father, who is busy setting up his own business from home in Pamplona.

Esteban, 21, who lives in Pamplona and is looking for work.

Unit 1 introduces you to these five characters, and each of the following units focuses mainly on one of them, so as you learn more Spanish you will find out more about each individual, their life in Spain and their relationships.

The language structures and the activities

Just as important as the topics and the characters are the **language structures** or **grammar points** you will learn as you work through *¡Captado! 1*. Each double-page 'spread' concentrates on one particular language structure and explains it – in English – in a blue **Gramática** box. The activities on the two pages practise the structure, as well as the vocabulary you need. The instructions for the tasks are in Spanish; when you need to check the meaning of the instructions you can look them up in the list on pages vi–vii.

When you want to look up or revise a particular language structure, use the index at the back of the book (pages 192–195) to help you find the right Gramática box.

Vocabulary help and study skills

The blue **Para ayudarte** columns on the right of the spread give vocabulary help; they often also include tips (in English) to develop your study skills, such as effective ways to learn vocabulary, and using a dictionary. There is also a section on **Using your Spanish dictionary** (pages 196–197) and a vocabulary list – **Vocabulario** – (English to Spanish as well as Spanish to English) at the back of the book.

Coursework

- Throughout the book you will find speaking tasks called **Mi casete personal**. These are tasks which you should record onto your own 'personal' tape, and if you are doing **speaking coursework** you will be producing a ready-made collection of suitable spoken work by doing these tasks.
- Each unit ends with a section entitled **Ya lo sé**, which sets longer tasks for project work or revision. If you are doing **written coursework**, these pages provide some suitable tasks and ideas.

The following symbols are used in the book:

 listening   speaking   reading   writing

 Mi casete personal   song   groupwork

List of Spanish instructions

Adivina (quién es).   *Guess (who it is).*

Añade en tu casete . . .   *Add to your cassette . . .*

Apunta el número de la ilustración adecuada.
Note down the number of the relevant picture.

Apunta los/las x en el orden de la cinta.
Note down the x in the order they are mentioned on the tape.

¡Atención! No necesitarás todas las palabras.
Watch out! You won't need all the words.

¡Atención! No vas a utilizar todos los/las x.
Watch out! You aren't going to use all the x.

Busca . . . en tu diccionario.   *Look up . . . in your dictionary.*

Cinco jóvenes hablan de . . .   *Five young people are talking about . . .*

Clasifica las opiniones.   *Sort their opinions.*

Comienza (con) . . .   *Start with . . .*

Completa las casillas.   *Fill in the boxes.*

Contesta con 'sí' o 'no'.   *Answer with 'yes' or 'no'.*

Contesta en español.   *Answer in Spanish.*

Contesta las preguntas (sobre el texto de arriba).
Answer the questions (on the text above).

Copia el texto y rellena las casillas.   *Copy the text and fill in the boxes.*

Copia y completa el diálogo de abajo con (las formas adecuadas de) . . .   *Copy and complete the dialogue below with (the appropriate parts of) . . .*

Copia y completa el x/la tabla.   *Copy and complete the x/the table.*

Copia y completa x con las palabras de la casilla.
Copy and complete x with the words from the box.

Corrige las frases que siguen.   *Correct the following phrases.*

¿Cuál es la respuesta correcta?   *Which is the correct answer?*

¿Cuántas frases en un minuto?   *How many sentences in a minute?*

Da tu opinión.   *Give your opinion.*

Decide si las frases de abajo son verdaderas o falsas. Escribe 'V' (verdadero) o 'F' (falso).   *Decide if the sentences below are true or false. Write 'V' (true) or 'F' (false).*

Descifra las palabras.   *Decipher the words.*

Dibuja x.   *Draw x.*

Diseña un folleto.   *Design a leaflet.*

Elige el x más adecuado.   *Choose the most appropriate x.*

Elige la x correcta en cada caso.   *Choose the correct x in each case.*

Empareja las frases.   *Match up the sentences.*

Empareja las frases de las dos columnas (para formar frases).   *Match up phrases from the two columns (to make sentences).*

Empareja los diálogos con los dibujos de abajo.
Match up the dialogues with the pictures below.

Empareja los x con los z.   *Match up the x with the z.*

En grupos de tres personas . . .   *In groups of three . . .*

Escoge cuatro x que convengan.   *Choose four x which fit.*

Escoge el símbolo que convenga.   *Choose the appropriate symbol.*

Escoge la forma adecuada de . . .   *Choose the correct form of . . .*

Escoge la respuesta correcta y escribe a), b), c) o d).   *Choose the correct response and write a), b), c) or d).*

Escoge la respuesta que convenga.   *Choose the appropriate response.*

Escribe 'sí' o 'no'.   *Write 'yes' or 'no'.*

Escribe 'V' (verdadero) o 'F' (falso).   *Write 'V' (true) or 'F' (false).*

Escribe las palabras que faltan.   *Write in the missing words.*

Escribe los detalles.   *Write down the details.*

Escribe los números en el orden de la cinta.   *Write down the numbers in the order of the tape.*

Escribe una descripción de . . .   *Write a description of . . .*

Escribe una lista de . . .   *Write a list of . . .*

Escribe unas palabras en inglés para comunicar . . .
Write a few words in English to express . . .

Escribe unos apuntes sobre . . .   *Write some notes on . . .*

Escribe x frases con la ayuda de x.   *Write x sentences with the help of . . .*

Escucha atentamente.   *Listen carefully.*

Escucha el casete.   *Listen to the cassette.*

Escucha el casete y empareja . . .   *Listen to the cassette and match up . . .*

Escucha la canción.   *Listen to the song.*

Escucha la conversación.   *Listen to the conversation.*
Escucha los diálogos del ejercicio x otra vez.   *Listen to the dialogues in exercise x again.*

Graba dos o tres frases sobre . . .   *Record two or three sentences on . . .*
Graba tus opiniones sobre . . .   *Record your opinions on . . .*
Graba x en tu casete personal.   *Record x on your personal cassette.*

Habla con tus amigos/tu pareja.   *Talk to your friends/your partner.*
Haz un poster.   *Make a poster.*
Haz una encuesta . . .   *Do a survey . . .*
Haz una lista de . . .   *Make a list of . . .*
Haz una serie de ilustraciones . . .   *Make a series of illustrations . . .*

Identifica (los dibujos correctos).   *Identify (the correct pictures).*
Imagina que . . .   *Imagine that . . .*
Indica si las frases de abajo son correctas o no con 'V' (verdadero) o 'F' (falso).   *Indicate whether the sentences below are correct or false with 'V' (true) or 'F' (false).*
Inventa las respuestas.   *Make up the answers.*

Lee el texto y escucha el casete.   *Read the text and listen to the cassette.*
Lee la x.   *Read the x.*
Lee los detalles de los candidatos, y luego escucha la cinta.   *Read the details of the candidates and then listen to the tape.*

Mira el x.   *Look at the x.*

¡Ojo! Hay un x que sobra.   *Watch out! There's one extra x.*

Palabras a utilizar: *Words to use:*
Para cada frase, apunta (el número de la ilustración que convenga) . . .   *For each sentence, note down (the number of the corresponding illustration) . . .*
Para cada frase, elige una letra.   *For each sentence, choose one letter.*
Pon una x en la casilla adecuada.   *Put a cross in the appropriate box.*

Pregunta a tu pareja/a tus amigos de clase . . .   *Ask your partner/your classmates . . .*
Prepara tres frases para tu casete para decir . . .   *Prepare three sentences for your cassette to say . . .*
Presenta la información . . .   *Present the information . . .*
Puedes ahora hablar de . . .   *Now you can talk about . . .*
¿Puedes identificar . . .?   *Can you identify . . .?*

¿Qué dices cuando . . .?   *What do you say when . . .?*
¿Qué significan estas palabras en inglés?   *What do these words mean in English?*

Rellena los globos.   *Fill in the speech bubbles.*
Rellena las casillas.   *Fill in the boxes.*
Rellena los huecos/los espacios.   *Fill in the gaps.*

Sustituye las palabras adecuadas por los símbolos.   *Replace the appropriate words with symbols.*

Tenéis que/Tienes que . . .   *You have to . . .*
Trabaja con tu pareja.   *Work with your partner.*
Tu pareja debe (adivinar) . . .   *Your partner should (guess) . . .*
Tu pareja va a hacerte preguntas.   *Your partner is going to ask you some questions.*
Túrnate con tu pareja.   *Take turns with your partner.*

Utiliza las palabras de abajo.   *Use the words below.*
Utiliza los x de la casilla.   *Use the x from the box.*
Utiliza un diccionario para buscar las palabras subrayadas.   *Use a dictionary to look up the underlined words.*
Utiliza un diccionario si es necesario.   *Use a dictionary if necessary.*
Utiliza una palabra o frase de cada color para hacer una frase completa.   *Use a word or sentence of each colour to make a complete sentence.*

¿Verdadero o falso?   *True or false?*
¿Verdad o mentira?   *True or false (a lie)?*

Los números

1 uno 2 dos 3 tres 4 cuatro 5 cinco 6 seis 7 siete 8 ocho 9 nueve 10 diez

11 once 12 doce 13 trece 14 catorce 15 quince 16 dieciséis 17 diecisiete 18 dieciocho 19 diecinueve 20 veinte

1

Escucha el casete. Escribe los números en el orden de la cinta.

tres *nueve* once **catorce** *veinte* **dos** **doce** cinco quince **diez** *trece* *dieciséis* siete **cuatro**

2

Mira los botones y escucha el casete. Identifica el siguiente número en la serie.

Ejemplo: **1** *doce*

3

Mira la lista de números del ejercicio 1. Identifica los seis números no mencionados en la cinta.

4

Escribe los totales en español.

Ejemplo: **a** *siete*

5 Un poco más de matemáticas

Empareja las preguntas y las respuestas.

Ejemplo: **1 d)**

1 uno + ocho   a) diez
2 trece – seis   b) diecinueve
3 cinco × tres   c) siete
4 dieciocho ÷ seis   d) nueve
5 catorce + cinco   e) doce
6 quince – tres   f) quince
7 cinco × cuatro   g) veinte
8 veinte ÷ dos   h) tres

6

Escucha el casete. Empareja los resultados con los dibujos.

Ejemplo: **1 c**

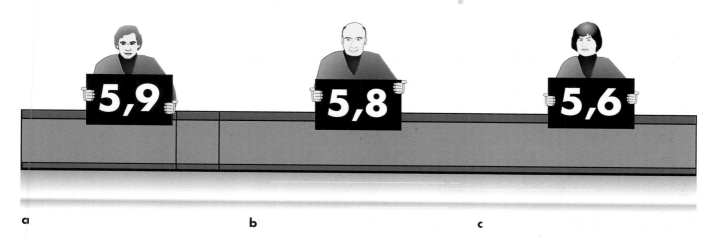

a   b   c

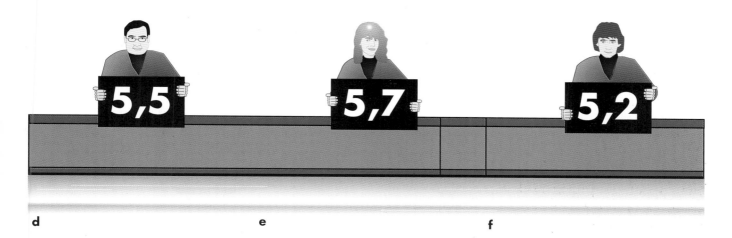

d   e   f

7

Rellena los huecos.
¿Qué número es?

Ejemplo: **1** *diecinueve, 19*

1 d _ _ c _ n _ _ v_
2 t _ _ c _
3 q _ _ n _ _
4 _ _ _ c _ s _ _ _ e
5 c _ _ _ _ _ e
6 _ e _ n _ _

8

Escucha el casete. Identifica las posiciones de estos grupos.

Ejemplo: Los Lobos Rojos – 15

> ¡Hola! ¿Qué tal? Me llamo Marisol. Tengo dieciocho años.
> Soy estudiante. Mañana voy a la Universidad de Salamanca para hacer
> un curso de inglés. Estoy nerviosa. Bueno, la maleta y la lista.
> El recambio de papel … el estuche … el diccionario … el chándal …
> la toalla … el traje de baño … las zapatillas … el walkman.

a el recambio de papel

b el estuche

c el diccionario

d el chándal

e la toalla

g las zapatillas

f el traje de baño

h el walkman

1

Escucha el casete. Mira los dibujos.
Escribe la palabra española.

1 hello
2 tracksuit
3 pencil case
4 personal stereo
5 trainers
6 file paper
7 dictionary
8 towel
9 swimsuit
10 how are you?

Ejemplo: **1** ¡Hola!

2

Escucha la lista en el casete y
mira los dibujos de arriba.
Identifica los objetos en el orden
correcto.

Ejemplo: **1** c

3

Lee la información y escribe los
precios de estos artículos.

Ejemplo: **1** el estuche, 300 pesetas

1 el estuche
2 el recambio de papel
3 la toalla
4 el chándal
5 el walkman
6 el traje de baño
7 las zapatillas
8 el diccionario

5.400 ptas
5.999 ptas
8.000 ptas
4.050 ptas
300 ptas
250 ptas
400 ptas
3.200 ptas

Gramática

In Spanish, nouns (the names given to things, people and places) are divided into two groups, called masculine and feminine. This is called **gender**. The signs of a masculine noun are the Spanish words *un* meaning 'a'/'an' and *el* meaning 'the', while feminine nouns can be spotted by the words *una* meaning 'a'/'an' and *la* meaning 'the'.

	a/an	**the**
masculine	un	el
feminine	una	la

4

Elige cuatro objetos y escribe tu lista (tu pareja también). Túrnate con tu pareja.

Ejemplo:

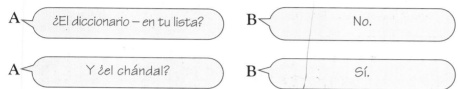

A — ¿El diccionario – en tu lista?

B — No.

A — Y ¿el chándal?

B — Sí.

5

LISTA ¿?

Tu maleta. Escribe una lista para tu maleta. Utiliza un diccionario, si es necesario.

6

Escucha el casete. Identifica las ilustraciones en el orden correcto.

Ejemplo: 1 b

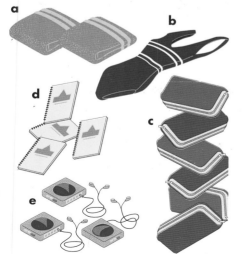

Para ayudarte

Vocabulario

empezar (ie) (v) – to begin
estudiante (nmf) – student
inglés (adj) – English
maleta (nf) – suitcase
soy – I am [from ser (v), to be]
voy – I am going [from ir (v), to go]

El diccionario

When you look up a noun in the dictionary, make sure you find out at the same time whether it is masculine or feminine. Masculine nouns usually have (m) or (nm) after them, while feminine nouns have (f) or (nf). This means that if you see *maleta* (nf) in the dictionary it means that you have to say, or be prepared to hear, *la maleta* or *una maleta*. Being able to identify gender is very important.

How to tell someone how old you are

Tengo _____ años. Fill in the gap with the correct number for your age.

*Tengo **quince** años.*

Mi casete personal

Me llamo ...

Copia la nota y rellena los espacios con tus detalles personales. Luego graba el texto completo en un casete.

¡Hola! ¿Qué tal? Me llamo _____.

Tengo _____ años.

7

¿Quién habla? Empareja las palabras con la persona.

1 Ya lo sé
2 Regular
3 ¡Qué bien!
4 por favor
5 fatal
6 A ver
7 Oye
8 ¿Y tú?

Ejemplo: **1** *Maite*

Ana   Maite

8

Copia las frases y rellena los huecos.

5.000 ptas
520 ptas
350 ptas
4.000 ptas

500 ptas
6.000 ptas

Ejemplo: **1**
Los rotuladores cuestan 520 pesetas.

1 Los rotuladores cuestan _____ pesetas.
2 ___ _____ cuestan 5.000 pesetas.
3 Las mochilas cuestan _____ pesetas.
4 Las reglas cuestan _____ pesetas.
5 Los estuches cuestan _____ pesetas.
6 ___ _____ cuestan 6.000 pesetas.

9

Trabaja en grupos. ¿Qué tienes en tu estuche?

Ejemplo:

A ¿Tienes una regla?

B No, no tengo. ¿Y tú, tienes una regla?

C Sí, tengo.

¡Hola, Maite! ¿Qué tal?

Pues, regular. ¿Y tú?

Pues, con el asma, fatal.

¡Ay, Ana!

Oye, Maite, ¿tienes un rotulador, por favor?

No, no tengo. A ver ... el cuaderno ... la regla .... ah sí ... en la mochila.

Ana, ¿tienes los bocadillos?

Sí, y tengo las patatas fritas también.

Ah, tienes una revista – ¿cuál es? ¡Bravo! ¡Qué bien! Mira, Ana, ¡Los Lobos Rojos!

Sí. ¡Qué guapos!

Sí. Ya lo sé.

Gramática

1 Los/las
When you are talking about more than one thing, the word for 'the' is *los* or *las*, depending on the gender of the noun.
Masculine words use **los**, feminine words use **las**:

el bocadillo – **los** bocadillos;
la revista – **las** revistas

2 How to say 'Have you got ...?', 'I've got ...' or 'I haven't got ...'
¿Tienes ...?   Have you got ...?
Tengo ...   I have, I've got ...
No tengo ...   I haven't got ...

10

Escucha el casete. ¿Qué tiene Maite en la mochila? Identifica las ilustraciones en el orden correcto.

Ejemplo: **1 e**

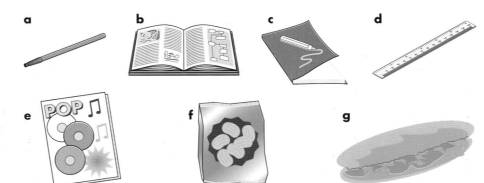

11

¿Qué hay en el armario? Escribe dos listas: 'los …' y 'las …'. Utiliza un diccionario si es necesario.

Ejemplo: los rotuladores, …
las reglas, …

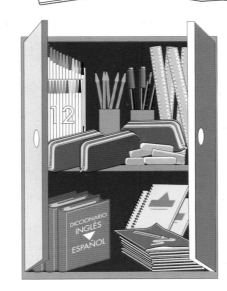

12

Habla con tus amigos en clase. Copia y completa la tabla como en el ejemplo.

Ejemplo:

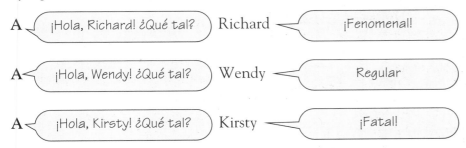

A — ¡Hola, Richard! ¿Qué tal? Richard — ¡Fenomenal!

A — ¡Hola, Wendy! ¿Qué tal? Wendy — Regular

A — ¡Hola, Kirsty! ¿Qué tal? Kirsty — ¡Fatal!

Nombre	¡Fenomenal!	Regular	¡Fatal!
Richard	✗		
Wendy		✗	
Kirsty			✗

Para ayudarte

Vocabulario

a ver – let's see
armario (nm) – cupboard
bocadillo (nm) – sandwich
guapo (adj) – good-looking
patatas fritas (nfpl) – crisps, chips
ya lo sé – I know

El diccionario

Don't forget that a Spanish dictionary is in two parts – Spanish–English and English–Spanish. If you need to look up a word in English to find its Spanish meaning, it is worth looking up the Spanish word in the other half of the dictionary just to double check that you have found the right word in Spanish.

Take the word 'crisp', for example – do you need the noun (*patata frita*) or the adjective (*fresco*)?

Idea

Buy some small sticky labels from a stationery shop. Write the name of each object in your pencil case on the labels, one item to each label, then attach the labels to the objects. That way, you will be learning vocabulary every time you open your pencil case!

El alfabeto

Escucha la canción.

Gramática

El alfabeto

A	H	O	V
B	I	P	W
C	J	Q	X
D	K	R	Y
E	L	S	Z
F	M	T	
G	N, Ñ	U	

Pronunciación

- c before e or i is pronounced th
- j is pronounced like a throaty h
- g before e or i is pronounced like j
- ll sounds as if there is a letter y after the second l
- ñ is pronounced like the ni in onion
- z is always pronounced th

13

¿*Cómo se escribe?*

Escucha el casete y escribe los nombres de las ciudades españolas.

EL MUNDO de la OFICINA

¡Hola, Miguel! ¿Qué tal?

Buenos días, Señora Ortega. Pues, fenomenal.

Bueno, a ver, las carpetas, estante A. Las agendas, estante E.

Los bolígrafos, las plumas y los sobres, estante J. Los lápices y las gomas, estante M.

Y las carpetas de anilla, estante W.

14

Escucha el casete y mira el diálogo. ¿Es correcto lo que dice Miguel? Escribe V (verdadero) o F (falso).

Ejemplo: **1** V

¡Hola! Me llamo Miguel. Tengo diecisiete años. Soy estudiante del Instituto San Fermín. Estoy en COU. Trabajo en 'El Mundo de la Oficina' los fines de semana.

15

Elige cuatro cosas de los estantes de 'El Mundo de la Oficina' y escribe una lista. Trabaja con tu pareja.

Ejemplo:

A — ¿Tienes una carpeta?

B — No, no tengo.

A — ¿Tienes un bolígrafo?

B — Sí, tengo un bolígrafo.

16

Escucha el casete. Escribe **en inglés** los detalles de cada mensaje.

Ejemplo: **1** *Señor Ruiz, 20 ring binders, 20 pads, 10 biros, 15 rulers*

17

Lee la carta de Miguel.

Arbolanche 5
3° B
31009 Pamplona

¡Hola, primo!
¿Qué tal? Pues yo, fenomenal. Trabajo en 'El Mundo de la Oficina' los fines de semana. Venden carpetas, agendas, bolígrafos, sobres, lápices, etcétera. Trabajo seis horas los sábados y tres horas los domingos. Tengo que llenar los estantes. Es un poco aburrido, pero gano 700 pesetas a la hora. ¿Y tú? ¿Tienes trabajo?
Escríbeme pronto,
Miguel Muñoz

Escoge el símbolo que convenga y escribe **a**, **b** o **c**.

1 Miguel está

a   b   c

3 El trabajo de Miguel es …

a   b   c

2 En 'El Mundo de la Oficina', hay:

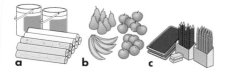

a   b   c

4 Miguel gana 700 pesetas

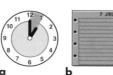

a   b   c

18

Pregunta a tus amigos de clase:

Ejemplo:

A — ¿Cómo te llamas?

B — Me llamo Terry.

A — ¿Cómo se escribe?

B — T-E-R-R-Y.

Mi casete personal

Se escribe …
Graba tu nombre en el casete. Di cómo se escribe.

Ejemplo: Me llamo Arantxa. Se escribe A-R-A-N-T-X-A.

19

Haz una lista de artículos para Miguel.

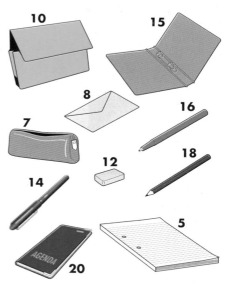

Ejemplo: cinco recambios de papel

Para ayudarte

Vocabulario
aburrido (adj) – bored
cosa (nf) – thing
domingo (nm) – Sunday
elige – choose [from elegir (v) – to choose]
estante (nm) – shelf (in a shop)
fin (nm) de semana – weekend
sábado (nm) – Saturday

Spelling
Spelling accurately in Spanish takes practice. Try making a cassette recording of some spellings of names you know well, such as members of your family, favourite group or singer, favourite football team or sports figure, favourite TV personality or film actor.

¡Hola! Me llamo Felipe López. En este momento estoy sin trabajo, pero voy a trabajar de asesor de negocios. Tengo una oficina en mi casa. En mi oficina ya hay un teléfono y un fax, bolígrafos, papel, etcétera. Hoy traen el nuevo ordenador.

20

Contesta en español.

Ejemplo: **1** 94.770 pesetas

monitor   94.770 ptas

teclado   7.830 ptas

ratón
5.120 ptas

alfombrilla   3.790 ptas

impresora
76.150 ptas

ordenador   334.143 ptas

1 ¿Cuánto cuesta un monitor?
2 ¿Cuánto cuesta un teclado?
3 ¿Cuánto cuesta un ratón?
4 ¿Cuánto cuesta una alfombrilla?
5 ¿Cuánto cuesta una impresora?
6 ¿Cuánto cuesta un ordenador?

Gramática

1 You now know that there are two words for 'a' and four words for 'the' in Spanish. The term for these words is 'articles' – 'the' (*el/la/los/las*) are definite articles, and 'a'/'an' (*un/una*) are indefinite articles. Each time you learn a new word in Spanish, at the same time learn which articles go with it (i.e. don't just learn *disquete*, learn it as '*el disquete*' and '*un disquete*'). If you have a PC at home, use the label technique to help you learn the parts, just as you did with your pencil case.

	a	**the**
singular (m)	un	el
(f)	una	la
plural (m)		los
(f)		las

2 Using *Hay/No hay* to say 'There is/There are/There isn't/There aren't'

There is There are	Hay
There isn't There aren't	No hay
Is there? Are there?	¿Hay?

¿Hay un ordenador? No, no hay ordenador.
¿Hay disquetes? Sí, hay disquetes pero no hay papel.

21

Escucha la conversación. Identifica lo que hay y lo que no hay.

Ejemplo: Hay un ordenador.

22

Trabaja con tu pareja. Elige cuatro cosas de la oficina del Señor López (tu pareja también).

Ejemplo:

A — ¿Hay un ordenador?

B — Sí, hay un ordenador.

A — ¿Hay un ratón?

B — No, no hay ratón.

24

Mira las ilustraciones. Escucha la canción e identifica las cosas que hay en la oficina. Escribe 'sí, hay' o 'no, no hay'.

*Ejemplo: **a** sí, hay.*

 a   **b**   **c**   **d**   **e**

Mi casete personal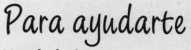

La oficina en casa
Graba en tu casete personal una lista de las cosas que necesitas para una oficina en casa.

23

Copia el texto. Escoge 'un' o 'una' si es necesario y escribe las palabras que convengan para los dibujos.

*Ejemplo: **a** un ordenador*

En la oficina del Señor López hay un/una **a** 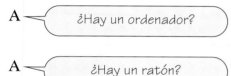. También hay

un/una **b** y un/una **c** con un/una **d**

Hay un/una **e**  y un/una **f**  No hay **g**

no hay **h** , y no hay **i** , pero hay **j**

Para ayudarte

Vocabulario
asesor (nm) – consultant
e – and (before a word beginning with 'i' or 'hi')
negocios (nmpl) – business
nuevo (adj) – new
oficina (nf) – office
teléfono (nm) – telephone
traen – they're bringing [from traer – to bring]

Memory training
To help you remember the gender of nouns, learn them with *el* or *la*.
Try training your memory:

- read the words aloud
- cover them up
- write them out
- repeat them rhythmically
- see how many you can rhyme
- test yourself, then work on the words you couldn't remember.

25

Lee y escucha el casete y escoge la respuesta adecuada.

1 ¿Cuántos años tiene Esteban?
   a) 18   **b)** 20   **c)** 19

2 Se queda en cama hasta …
   a) 11.00   **b)** 10.00   **c)** mediodía

3 Escucha …

  a   **b**   **c**

4 No va al cine porque …

  a   **b**   **c**

26

Escucha el casete. Escribe los detalles.
1 ¿Cuántos años?
2 ¿Cuántas horas el sábado?
3 Número de teléfono
4 Nombre de la persona responsable

27

Lee los detalles de los candidatos,
y luego escucha el casete.
Identifica los candidatos en el
orden de la cinta.

Nombre	Mikel
Apellido	Echevarría
Dirección	Calle Juan Carlos 3, 50 B, Vitoria
Teléfono	45-18-05-19
Edad	19

a

Nombre	Pilar
Apellido	Ordóñez
Dirección	Calle del Puente 11, Salamanca
Teléfono	23-07-66-81
Edad	17

b

Nombre	Arantxa
Apellido	Martínez
Dirección	Calle de Espronceda 27, 60 A, Madrid
Teléfono	91-474-94-83
Edad	17

c

Nombre	Felipe
Apellido	Moreno
Dirección	Plaza de los Moros 51, Granada
Teléfono	58-90-35-46
Edad	19

d

Para ayudarte

Vocabulario

a veces – sometimes
andar (v) – to walk
cine (nm) – cinema
deprimido (adj) – depressed
dinero (nm) – money
¡Ni hablar! – Don't even think
  about it!
se queda – he stays
triste (adj) – sad
ver (v) – to watch/to see

28

Copia las frases y rellena los espacios.

Ejemplo: 1 Un día típico es así.

1 ___ día típico es así.
2 Miro ___ televisión.
3 Escucho ___ radio.
4 Ando por ___ calle.
5 Es la calle o ___ casa.

30

Escucha la canción. Copia el texto y rellena los huecos. Palabras a utilizar:

> busco
> triste
> veinte
> empleo
> dinero
> calle
> casa
> deprimido

Tengo _____ años,
Tengo _____ años,
Tengo _____ años,
Y estoy _____.
_____ un trabajo,
_____ un trabajo,
_____ un trabajo,
Pero no hay _____.
¡Ay! La vida es _____,
En la _____ sin trabajo.
¡Ay! La vida es _____,
En la _____ sin _____.

29

¡Adivina quién es!
A – Adopta la identidad de uno de los estudiantes del ejercicio 27.
B – Haz preguntas para adivinar quién es.
A – Contesta con Sí o No solamente.

Ejemplo:

B — ¿Tienes diecisiete años?

A — Sí.

B — ¿El número de teléfono es el 91-474-94-83?

A — No.

B — ¡Pilar!

A — Sí.

Inventa dos o tres más identidades con tu pareja.

Ejemplo:

A — ¿Cómo te llamas?

B — Me llamo Pedro.

A — ¿Cómo se escribe?

B — P-E-D-R-O.

A — ¿Tu número de teléfono?

B — 48-21-93-66.

31 En paro

Lee el texto.

¡Hola! Me llamo Encarna.

Tengo diecinueve años.

Estoy deprimida, porque no tengo trabajo.

Todos los días busco en el periódico, pero no

hay trabajo. Voy a la calle, o me quedo en casa.

Veo la televisión. No voy al cine porque no

tengo dinero. La vida es triste.

1 Diccionario: ¿Cómo se dice . . . en inglés?

| deprimida | busco | el periódico | ir | triste |

2 Descifra las palabras mezcladas. Copia y completa la tabla en tu cuaderno. Utiliza un diccionario para ayudarte.

Palabra mezclada	¿el o la?	español	inglés
Ejemplo: a) orpa	el	paro	unemployment

a) orpa
b) lelac
c) saac
d) niec

e) rab
f) odnier
g) maca
h) bjorata

Para ayudarte

Los números de teléfono
In Spain phone numbers are usually given as pairs, but are sometimes given as single digits. For example:

56-90-35-46 = cinco seis, nuevo zero, tres cinco, cuatro seis.

Mi casete personal

Tengo ...
¿Cuántos años tienes? ¿Cuál es tu número de teléfono? Graba dos frases en tu casete personal.

Ya lo sé

A

Mira la lista de Marisol. Identifica lo que **no hay** en el dibujo.

el libro
el diccionario
el estuche
la radio
la carpeta de anilla
la agenda
el chándal
la carpeta
la toalla
la mochila
el walkman
el recambio de papel
el rotulador
la revista
la regla

Copia y completa el recado para Marisol.

Marisol, no tienes …

B

Empareja las frases.

1 Marisol …
2 Ana …
3 Miguel …
4 Felipe …
5 Esteban …

a) … tiene asma.
b) … tiene una oficina en casa.
c) … tiene dieciocho años.
d) … no tiene trabajo.
e) … tiene que llenar los estantes.

C

Copia las frases y rellena los huecos.

1 Escucho _____ radio.
2 Tengo _____ patatas fritas.
3 Miguel, _____ lápices, estante M, por favor.
4 Maite, ¿ _____ un rotulador?
5 Marisol, ¿qué _____ en la maleta?
6 ¡Ay! Señor López, no _____ disquetes.
7 Me _____ Marisol. _____ dieciocho años.
8 En mi estuche tengo _____ bolígrafo, _____ pluma, _____ goma y _____ regla.

D *Red de vocabulario*

Copia la red en tu cuaderno. Rellena los globos con palabras que convengan.

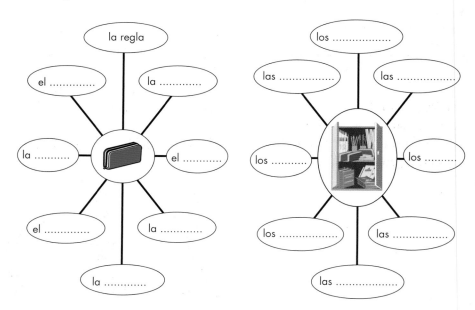

E Trabajo de diccionario

Copia y completa la tabla. Busca
las palabras en Unidad Uno.
Utiliza un diccionario si es
necesario.

nervioso	
	to begin
grabar	
el fin de semana	
	to stack
los estantes	
	boring
el asesor	
	business
típico	
	to walk
el apellido	
	age
	identity
adivinar	
	to look for
triste	
la vida	
	street

Ahora, aprende de memoria diez
de las palabras de la lista de
arriba. Haz una prueba con tu
pareja. ¿Quién gana?

F

1 Mi oficina

Diseña, dibuja y describe la oficina del futuro.
¿Cómo es?
¿Qué hay de tecnología?

2 Una carta a mi amigo

Copia la carta y elige las palabras que convengan.

¡Hola!
¿Qué tal? Pues yo, [dieciocho/fenomenal/calle]. Tengo una [maleta/dinero/trabajo]
en "El Mundo de la Oficina". Trabajo seis [horas/zapatillas/disquetes] el sábado.
Por la tarde [busco/veo/trabajo] la televisión, o voy al [cuaderno/libro/cine]
porque tengo [dinero/toalla/chándal].
Un abrazo,
Miguel

G Los números

Lee la lista del equipo de fútbol.
¿Cuáles son los números de los
jugadores?

Ejemplo: **a** 1

El Equipo	
Alonso	diez
Chiquito	diecisiete
Cortés	doce
Costa	diecinueve
Emilio	cuatro
Falla	veinte
García	nueve
Marsé	uno
Monleón	seis
Sánchez	ocho
Serrano	cinco

a   b   c   d   e   f

g   h   i   j   k

Unidad dos

Marisol: *La vida de una estudiante*

Hola, yo soy Marisol. Tengo dieciocho años y soy española. ¿Y tú, quién eres?

Soy Pierre. Soy francés, de Lyon, y tengo veintidós años. Y vosotros, ¿sois de España?

No. No somos españoles. Yo soy de Colombia y me llamo Susana. Tengo veinte años.

Y yo tengo treinta años. Me llamo Mark. Soy de Luton en Inglaterra.

1

Escucha y empareja las personas en la cinta (1–4) con sus fotos (a–d).

a Marisol   **b** Susana

c Mark   **d** Pierre

2

Completa los espacios. Escribe la forma adecuada del verbo 'ser'.

Ejemplo: **(a)** *somos*

¡Hola! (a).......... dos chicos y dos chicas. (b).......... estudiantes en la Universidad de Salamanca. (c).......... una universidad española.

1

Yo (a).......... Marisol. Tú (b).......... Susana, ¿no?

Sí, (c).......... Susana. (d).......... de Colombia.

2

3

¡Hola, chicos! ¿(a).......... estudiantes?

Sí, (b).......... estudiantes. Yo (c).......... Mark, de Inglaterra, y mi amigo (d).......... Pierre. (e).......... francés.

Gramática

Ser – 'to be'

In Spanish there are two verbs meaning 'to be': *ser* and *estar*. *Estar* is explained later in this unit on page 26. *Ser* is used:

- to say who people are, where they are from and what they do

  Soy Javier. Soy colombiano. Soy estudiante.

- to say what objects and places are

  Es una regla.
  Madrid es una ciudad española.

- to give permanent or long-term facts about people and things.

  Juan es el hermano de Isabel.

(yo)	soy	I am
(tú)	eres	you (singular) are
(él/ella)	es	he/she/it is
(nosotros)	somos	we are
(vosotros)	sois	you (plural) are
(ellos/ellas)	son	they are (m/f)

The words for 'you', 'he', 'she', etc are not often used in Spanish, except for emphasis or when they are needed to avoid confusion.

3

Túrnate con tu pareja.
A – Escoge una de las personas en secreto.
B – Identifica quién es.

Ejemplo:

B — ¿Quién eres?

A — Soy de la Ciudad de Méjico.

B — Eres Conchita.

1 Alasdair – Edimburgo

2 Huw – Cardiff

3 Liam – Dublin

4 Dieter – Berlín

5 Giovanna – Roma

6 Conchita – Ciudad de Méjico

7 Raquel – Lisboa

8 Stamatina – Atenas

4

Escucha el casete. Tere habla de sus amigos. ¿De dónde vienen todos? Copia y completa la tabla. Pon una X en la casilla adecuada.

	Pamplona	**Salamanca**	**Madrid**	**Alicante**	**Barcelona**
Ejemplo: Tere	✗				
Elena					
Héctor y Luis					
Paco y Ramón					
Nuria					
Alicia					

5

¿De dónde son las personas? Rellena los espacios con la forma adecuada del verbo 'ser'.

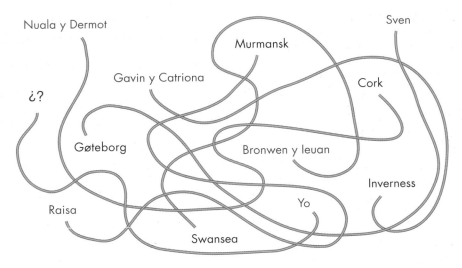

Ejemplo: **1** *Nuala y Dermot son de Cork.*

1 Nuala y Dermot _____ de _____.
2 Bronwen y Ieuan _____ de _____.
3 Sven _____ de _____.
4 Raisa _____ de _____.
5 Gavin y Catriona _____ de _____.
6 Yo _____ de _____.

Las nacionalidades

Las banderas	Los países		
1	España	Soy español.	Soy española.
2	Gran Bretaña	Soy británico.	Soy británica.
3	Inglaterra	Soy inglés.	Soy inglesa.
4	Escocia	Soy escocés.	Soy escocesa.
5	Gales	Soy galés.	Soy galesa.
6	Irlanda	Soy irlandés.	Soy irlandesa.
7	Europa	Soy europeo.	Soy europea.
8	Francia	Soy francés.	Soy francesa.
9	Italia	Soy italiano.	Soy italiana.
10	Los Estados Unidos	Soy americano.	Soy americana.
11	Colombia	Soy colombiano.	Soy colombiana.

Gramática

The spelling of adjectives used for nationality depends on the 'gender' of the person or object being described. For example, to describe a Spanish boy or a Spanish masculine noun, you would use the masculine form, *español*. To describe a Spanish woman or a Spanish feminine noun, you would use the feminine form, *español**a***.

*Una casa italian**a**. (la casa is feminine)*
*El coche es italian**o**. (el coche is masculine)*

Add an 's' or 'es' for plurals:

*Los estudiantes son colombiano**s**. Los chicos son frances**es**.*

One other important point: nationalities do not have a capital letter, but names of countries do:

***I**talia, una universidad **i**taliana.*

Mi casete personal

¿Quién soy?

Ahora graba tu nacionalidad y tu edad en tu casete personal.

Ejemplo:
Soy francés/Soy francesa.
Soy de París en Francia.
Tengo 20 años.

6

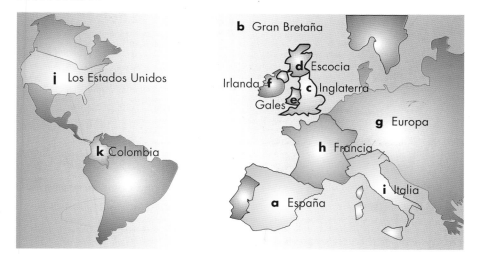

Escucha el casete. Escribe las letras de los países.

Ejemplo: **1 e**

7

Trabaja con tu pareja. Mira los ejemplos:

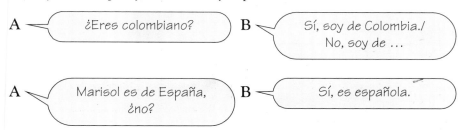

A — ¿Eres colombiano?
B — Sí, soy de Colombia./ No, soy de …

A — Marisol es de España, ¿no?
B — Sí, es española.

Para ayudarte

Vocabulario
amiga (nf) – friend
amigo (nm) – friend
edad (nf) – age
país (nm) – country

Los números de 20 a 30
20 veinte
21 veintiuno
22 veintidós
23 veintitrés
24 veinticuatro
25 veinticinco
26 veintiséis
27 veintisiete
28 veintiocho
29 veintinueve
30 treinta

Uno is shortened to *un* when followed by a masculine noun such as *año*:

Tengo veintiún años.
I am 21 years old.

Marisol, Susana, Pierre y Mark tienen muchas tareas domésticas...

8

Escucha el casete y escribe los números de la tareas en el orden correcto.

Ejemplo: 5,...

1 Lavar los platos

2 Pelar las patatas

3 Preparar la comida

4 Arreglar el armario

5 Lavar la ropa

6 Comprar en el mercado

7 Sacar la basura

8 Pasar la aspiradora

9 Planchar la ropa

10 Limpiar el polvo

10

Dibuja en secreto tres tareas domésticas. Tu pareja debe adivinar las tareas.

Ejemplo:

B ¿Planchas la ropa?

A No, no plancho la ropa.

B ¿Limpias el polvo?

A No, no limpio el polvo.

9

Escucha el casete y mira los dibujos del ejercicio 8. Empareja las tareas con los dibujos.

Ejemplo: a 10

Gramática

-ar verbs

Look again at the verbs used in Exercise 8: *lavar, planchar, comprar, limpiar, pasar, pelar, preparar*. They all end in -ar and they are called -ar verbs. They all follow the same pattern as *preparar*, below.

preparar – to prepare

preparo	I prepare
preparas	you (singular) prepare
prepara	he/she/it prepares
preparamos	we prepare
preparáis	you (plural) prepare
preparan	they prepare

Now copy and complete *comprar* ('to buy') and *arreglar* ('to tidy').

compr...	I buy
compr...	you (singular) buy
compr...	he/she/it buys
compr...	we buy
compr...	you (plural) buy
compr...	they buy

arregl...	I tidy
arregl...	you (singular) tidy
arregl...	he/she/it tidies
arregl...	we tidy
arregl...	you (plural) tidy
arregl...	they tidy

You use these endings for all regular -ar verbs.

11

Turno de tareas							
lunes	Susana		Pierre		Marisol		Mark
martes		Mark		Pierre	Susana		Marisol
miércoles			Marisol		Pierre	Mark	Susana
jueves				Susana	Mark		Pierre
viernes			Susana		Marisol	Pierre	Mark
sábado	Pierre		Mark		Susana		Marisol
domingo		Marisol		Mark	Pierre		Susana

Mira los turnos. ¿Verdadero o falso? Escribe V o F.

1 Susana plancha la ropa el lunes.
2 Marisol pasa la aspiradora el miércoles.
3 Pierre lava los platos el viernes.
4 Mark prepara la comida el jueves.
5 Pierre limpia el polvo el jueves.
6 Marisol saca la basura el martes.
7 Susana lava la ropa el sábado.

12

Mira los turnos. Ahora escribe una lista de tareas para cada persona.

Ejemplo:

Susana: lunes – lavar la ropa
martes – lavar los platos
miércoles – preparar la
cena …

Para ayudarte

Vocabulario

armario (nm) – cupboard, wardrobe
aspiradora (nf) – vacuum cleaner, hoover
mercado (nm) – market (compro en el mercado – I do the shopping in the market)
¡qué aburrido! – how boring!
¿qué vamos a hacer? – what shall we do?
ropa (nf) – clothes (singular in Spanish)
turno (nm) – rota
vamos a ver – let's see

Los días de la semana – the days of the week

lunes – Monday
martes – Tuesday
miércoles – Wednesday
jueves – Thursday
viernes – Friday
sábado – Saturday
domingo – Sunday

NB – Spanish days do not have a capital letter.

13

Escucha el casete y lee el texto. Identifica los dibujos correctos para cada estudiante.

Ejemplo: Marisol – 5, 4

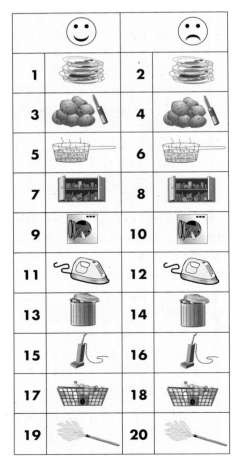

14

Escribe la letra, o las letras, indicada(s), para obtener un objeto necesario para las tareas domésticas.

Ejemplo: 1 a

1 preparar la comida (5)
2 pelar las patatas (8)
3 limpiar el polvo (4)
4 arreglar el armario (16)
5 lavar los platos (5)
6 comprar en el mercado (6) (17)
7 lavar la ropa (9) (5) (2)

15

Pregunta a tu pareja lo que le gusta o no le gusta hacer.

Ejemplo:

A — ¿Te gusta limpiar el polvo?

B — Sí, me gusta limpiar el polvo.

A — ¿Te gusta lavar los platos?

B — No, no me gusta lavar los platos.

Gramática

Me gusta/no me gusta

To say 'I like doing something', you use *Me gusta* + the infinitive.

Me gusta preparar la comida.

To ask a friend 'Do you like …?', you use *¿Te gusta?* + the infinitive.

¿Te gusta pasar la aspiradora?

To talk about *not* liking doing something, add *no* at the beginning of the sentence.

No me gusta pasar la aspiradora.
¿No te gusta lavar los platos? ¡Qué sorpresa!

16

Lee la carta de Pierre y elige la letra correcta.

Salamanca, 26 de octubre

¿Qué tal, Cristina?
Te escribo desde Salamanca. Estoy ahora en la universidad y vivo en un piso. Me gusta mucho estar en el piso. Tengo muchos amigos ya. Son muy simpáticos. Esta semana estoy muy ocupado, tengo muchas clases y deberes. También tengo mucho trabajo en el piso. Por ejemplo, los lunes paso las patatas, los martes paso la aspiradora y los jueves limpio el polvo. Ya sabes, no me gusta mucho ayudar en casa. Pero me gusta comprar las verduras y la fruta. Hoy, es miércoles, y yo preparo la comida. Entonces, ¡al mercado!
Hasta pronto
Pierre

Salamanca

1 Pierre vive en
  a) Madrid   b) Salamanca
2 Pierre vive en
  a) una casa   b) un piso
3 ¿Qué tal es el piso?
  a) 🙂   b) 🙁
4 ¿Qué tal son los amigos?
  a) 🙂   b) 🙁
5 ¿Tiene mucho trabajo?
  a) Sí.   b) No.
6 ¿Le gusta a Pierre ayudar en casa?
  a) Sí.   b) No.
7 ¿Le gusta el mercado a Pierre?
  a) Sí.   b) No.
8 Pierre limpia el polvo los lunes.
  a) Sí.   b) No.

Para ayudarte

Vocabulario

a mí – for me, to me, myself
a ti – for you, to you, yourself
ahora (adv) – now
hasta pronto – bye for now (literally means 'see you soon')
increíble (adj) – incredible
mucho (adj, adv) – a lot of, very
necesario (adj) – necessary
ni tampoco – (and) neither
odio – I hate [from odiar (v) – to hate]
pues… – well…
simpático (adj) – nice (about a person)
ya (adv) – already

The days of the week are listed on page 23. To say you regularly do something 'on Saturday/on Saturdays', you do not need a word for 'on' in Spanish. Instead you use **los** with the plural form of the day.

Los sábados *Marisol tiene muchas tareas.*

Mi casete personal

Ayudar en casa

Utiliza las frases de la casilla para grabar tus opiniones sobre las tareas domésticas.

Ejemplo: Me gusta lavar la ropa pero odio lavar los platos. Limpio el polvo los sábados.

| me gusta | no me gusta | me gusta mucho | odio | ¡qué aburrido! |

17

Empareja los objetos mencionados en el casete con los cuartos.

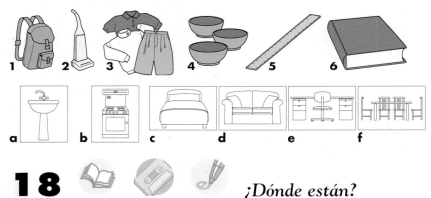

18 ¿Dónde están?

Completa el diálogo. Escribe las formas adecuadas del verbo 'estar'.

Ejemplo: **(a)** *están*

Ana Ves, Luis, qué tranquilos **(a)** _____ hoy Isabel y Enrique.
Luis Sí, y … ¡no me gusta! ¿Dónde **(b)** _____ los chicos?
Ana No sé. ¿**(c)** _____ en el jardín?
Luis No, no **(d)** _____ en el jardín ni **(e)** _____ en el dormitorio tampoco. Enrique, Isabel, ¿dónde **(f)** _____ ?
Niños Mamá, **(g)** _____ en la cocina.
Luis y Ana Ah …Vamos a ver …

Gramática

Estar

The verb *ser* meaning 'to be' was explained on page 18. *Estar* is another verb also meaning 'to be'. It is used:

- to say where something or someone is

  Madrid **está** en España.
  Marisol **está** en el cuarto de baño.

- to talk about the temporary state of someone or something.

  Marisol está triste.

Estar is an *-ar* verb. Compare it with the *-ar* verbs on page 22 – you will see that it follows the same pattern, *but* notice the extra *y* on *estoy*.

estoy	I am
estás	you (singular) are
está	he/she/it is
estamos	we are
estáis	you (plural) are
están	they are

19

Dibuja el plano de una casa imaginaria y decide dónde están Mark, Pierre, Susana y Marisol. Tu pareja debe adivinar dónde están.

Ejemplo:

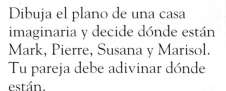

A ¿Mark está en la cocina?

B No, no está en la cocina. Me toca a mí. ¿Susana está en el jardín?

A Sí, está en el jardín. Te toca a ti.

20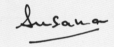

Lee la carta de Susana.

Salamanca, lunes, 28 de octubre

Queridos padres:

Salamanca es una ciudad fantástica y la universidad es fenomenal. Me gusta mucho ser estudiante aquí. Veis aquí el plano de nuestro piso.

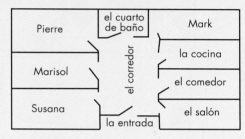

Mi dormitorio está al lado de la entrada. La cocina está en el centro del piso y es muy cómoda. Pero el cuarto de baño está al final del corredor. ¡Qué pesado! Pierre toca la guitarra y no me gusta mucho su música, pero es un chico muy simpático (es francés). Estoy bien aquí, pero estoy un poco triste porque estoy lejos de Colombia y de mi querida familia.

Muchos besos a todos.

Susana

¿De qué o de quién habla?

Ejemplo: **1** *el dormitorio*

1 al lado de la entrada	4 muy simpático
2 al final del corredor	5 fenomenal
3 una ciudad fantástica	6 en el centro del piso

21

Empareja las frases de las dos columnas para formar frases correctas.

Ejemplo: **1 f)**

1 El dormitorio de Susana	a)	triste.
2 En el centro	b)	de Colombia.
3 La cocina	c)	está la cocina.
4 Susana está	d)	con su guitarra.
5 Susana está lejos	e)	es cómoda.
6 Pierre hace ruido	f)	no está lejos de la entrada.

Para ayudarte

Vocabulario

al final de – at the end of
al lado de – next to
aquí (adv) – here
centro (nm) – centre
cómodo (adj) – comfortable, convenient
lejos de – far from
llorando – crying [from llorar (v) – to cry]
me toca a mí, te toca a ti – my turn, your turn
piso (nm) – flat, apartment
un poco – a bit
sabes – you know [from saber (v) – to know]
tranquilo (adj) – quiet
veis – you (can) see [from ver(v) – to see]
¡qué pesado! – what a pain!

Reading skills

Try copying out a short reading passage. Blank out all the words you don't know. Can you still make some sense of the text? If you can, how did you do it? Look up the words you blanked out, one or two at a time, until you can understand the text.

22

Dibuja el plano de tu casa. Después escribe una descripción de tu casa. Utiliza estos verbos:
me gusta/no me gusta (×2)
estar (×3)
ser (×2)

23

Escucha y escribe la canción.

24

Escucha y empareja las frases en la cinta con los dibujos.

Ejemplo: **1 c**

Gramática

Tener

Tener means 'to have'. You have already come across it in the phrase *tengo 20 años* (I have 20 years = I'm 20 years old). It has many uses in Spanish and is one of the most useful verbs you will learn. Here it is in the present tense.

tengo	I have
tienes	you (singular) have
tiene	he/she/it has
tenemos	we have
tenéis	you (plural) have
tienen	they have

Tengo una mochila.
¿Tienes un hermano?

25

Mira las fotos. ¿Puedes identificar la familia de Marisol y la de Susana? Escribe los nombres.

Ejemplo: **1** *el padre de Marisol*

1   **2**

3   **4**

5   **6**

7   **8**

Mi casete personal

Las cosas que tengo

Graba dos o tres frases sobre las cosas que tienes. Utiliza un diccionario si es necesario.

Ejemplo: Tengo un ordenador.

Para ayudarte

Vocabulario

entonces – so
familia (nf) – family (en familia – with the family)
foto (nf) – photograph
gemelo (nm) – twin
gente (nf) – people (singular in Spanish)
guapo (adj) – good-looking
hermana (nf) – sister (NB sisters and brothers = herman**os**)
hermano (nm) – brother
me gustaría – I would like [from gustar (v) – to please]
moreno (adj) – dark-haired
simpático (adj) – nice, friendly
¿verdad? – really?

Tener

To help you learn some vocabulary and practise saying 'I've got/ I haven't got', make two columns on a sheet of paper or in a vocabulary book headed **tengo** and **no tengo**. List all the nouns you know so far according to whether you've got one or not.

26

Elige y escribe la forma correcta del verbo 'tener'.

1 Juan [tenemos/tenéis/tiene] veinte años.
2 Tu hermano [tengo/tiene/tenemos] un ordenador.
3 Yo [tenemos/tengo/tienes] muchas tareas.
4 Nosotros no [tengo/tenemos/tienes] bolígrafos.
5 Ellas [tienen/tengo/tenéis] un dormitorio cómodo.
6 Vosotros [tengo/tenemos/tenéis] muchos amigos.
7 Mi madre y yo [tengo/tienen/tenemos] gafas.
8 Tú [tenemos/tienes/tenéis] una mochila nueva.

Una conversacion telefónica: Marisol y su madre

Gramática

You have already learnt numbers and the days of the week. The months in Spanish are as follows (note, **no** capital letter):

enero	febrero	marzo
abril	mayo	junio
julio	agosto	septiembre
octubre	noviembre	diciembre

To write a date, use the following pattern: *el* [number] *de* [month].

el *cinco* **de** *agosto*   **el** *veinte* **de** *enero*
¿Cuál es la fecha de hoy? Es el dos de marzo.

To say 'My birthday is 6 August', for example:
Mi cumpleaños es **el seis de** *agosto.*

Note that 'the first' is different:

el **primero** *de ...*   the 1st of ...
El cumpleaños de mi hermana es **el primero de** *septiembre.*

When you also give the name of the day – for example, at the top of a letter – you don't need *el* before the date.

lunes, dos de mayo
sábado, treinta de diciembre

27

Escribe en español las fechas siguientes.

1

febrero						
						①
2	3	4	5	6	7	8
9	10	11	12	13	14	15
16	17	18	19	20	21	22
23	24	25	26	27	28	

2

septiembre						
	1	2	3	4	5	6
7	8	9	10	11	12	13
14	15	16	17	18	19	20
21	22	23	㉔	25	26	27
28	29	30				

3

enero						
			1	2	3	4
5	6	7	8	9	10	11
12	13	14	15	16	17	18
19	20	21	22	23	24	25
26	27	28	29	㉚	31	

4

agosto						
					1	2
3	4	5	6	7	8	9
10	11	12	13	14	15	16
17	18	⑲	20	21	22	23
24	25	26	27	28	29	30
31						

5

diciembre						
	1	2	3	4	5	6
7	8	9	10	11	⑫	13
14	15	16	17	18	19	20
21	22	23	24	25	26	27
28	29	30	31			

6

marzo						
						1
2	3	4	5	6	7	8
9	10	⑪	12	13	14	15
16	17	18	19	20	21	22
23	24	25	26	27	28	29
30	31					

28

Trabaja con tu pareja; inventa las respuestas.

Ejemplo:

A — ¿Cuándo es tu cumpleaños?   B — Es el …

A — ¿Cuál es la fecha de hoy?   B — Es el …

29

Empareja las fechas con las fiestas.

1 Los Reyes Magos   a) 19 de marzo
2 Carnavales   b) 6 de enero
3 Fallas de Valencia   c) febrero
4 Semana Santa   d) 7 de julio
5 San Fermín en Pamplona   e) marzo/abril

30

Lee los anuncios.

> **Me llamo Antonia y tengo diecisiete años. Busco corresponsal – chico o chica inglés(a). Tengo dos hermanos. Me gusta estudiar y leer.**

> Soy Nacho, tengo veinte años. Busco corresponsal inglés de Londres para un intercambio. Soy tímido pero simpático.

> **Me llamo Laura, tengo 18 años. Mi cumpleaños es el 23 de octubre. Me gusta la guitarra y la música.**

> *Soy Juana, tengo dieciséis años. No tengo hermanos. Soy hija única. Mi cumpleaños es el 2 de diciembre. Me gusta ayudar en el jardín.*

> Soy Jaime, tengo veintiún años. Busco un(a) corresponsal británico(a). Tengo una casa muy grande con 5 dormitorios. Hasta pronto.

¿Verdadero o mentira?

1 Jaime tiene 20 años.
2 Nacho busca amigo francés.
3 Antonia tiene 12 hermanos.
4 Laura tiene dieciocho años.
5 Juana odia ayudar en el jardín.

31

Escribes a una revista para buscar un corresponsal. Copia la carta y rellena los espacios.

> ¡Hola!
> Me llamo _____ y busco un corresponsal español de _____ años. Tengo _____ años. Mi cumpleaños es el _____ de _____ . Vivo en _____ . En mi familia, hay mi _____, mi _____ y _____ . Me gusta _____ y _____ .
> No me gusta _____ .
> Hasta pronto
>
> _____

Mi casete personal

Mi familia

Puedes ahora hablar de tu familia. Describe a cada miembro y a ti mismo(a).

Ejemplo: Mi hermano se llama Mike. Tiene 17 años. Su cumpleaños es el 5 de junio. Es rubio.

Ya lo sé

A Las tareas de la semana – Mi lista

Haz una lista de las tareas domésticas para ti y otros miembros de tu familia.

B Las nacionalidades

Escribe la nacionalidad de los chicos y las chicas, y el país.

Ejemplo: **1** *Es colombiana, es de Colombia.*

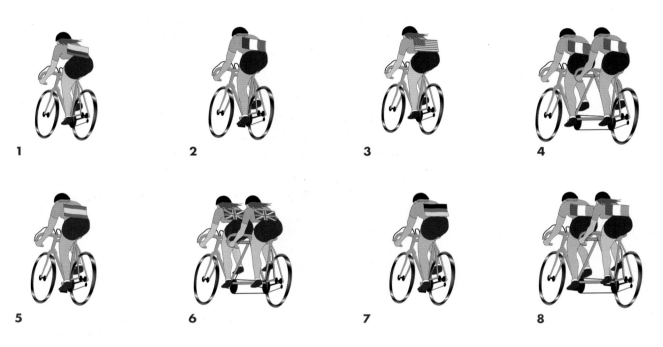

1 2 3 4

5 6 7 8

C Una carta

Copia la carta. Completa la carta con las palabras en la casilla.

Querida Amalia:
(a) _____ muchos problemas. No **(b)** _____ gusta la universidad donde estudio. No me **(c)** _____ el piso, y odio a **(d)** _____ estudiantes. Tengo **(e)** _____ tareas domésticas también. Los lunes, **(f)** _____ la aspiradora, los martes preparo **(g)** _____, los miércoles arreglo **(h)** _____, los jueves **(i)** _____ en el mercado, los viernes **(j)** _____ la ropa y ¡los sábados! limpio **(k)** _____ No **(l)** _____ tiempo para estudiar. ¡Qué aburrido!

la comida   muchas
gusta
tengo   los
plancho
me
paso   el armario
el polvo
tengo
compro

D Anuncios

Lee los anuncios y contesta las preguntas. Utiliza un diccionario si es necesario.

Aravaca – cuatro dormitorios, piscina, garaje	**Vaguada** – cuatro dormitorios, salón, comedor
Narváez – cinco dormitorios, tres baños, jardín	***Castellana** – dos salones, jardín, tenis*
Dehesa – studio con dos dormitorios, baño, terraza	**Parque Norte** – dos baños, dos garajes, piscina

¿Dónde está el piso con …?

1

2

3

4

5

6

Ejemplo: **1** *Castellana*

E

Elige la forma correcta de 'tener' en cada caso.

1 Amalia tengo/tiene/tienen 6 años.
2 Los estudiantes tenemos/tienen/tenéis un piso.
3 ¿Tienen/tienes/tengo hermanos? Sí, tiene/tenéis/tengo una hermana y dos hermanos.
4 El señor López tiene/tengo/tenemos 40 años.
5 Vosotros tienen/tenéis/tenemos mucho trabajo.

F Una descripción

Elige **a)** a una persona famosa y **b)** a un miembro de tu familia. Ahora escribe una ficha personal con los detalles personales.

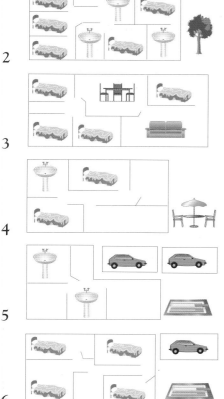

Nombre: Don Quijote
Fecha de nacimiento: 1605
Cumpleaños: _____
Nacionalidad: español
¿Hermanos/hermanas?: No
¿Simpático/pesado/aburrido?: simpático pero excéntrico

G Las tareas

Mira la lista de tareas en la página 22. Imagina que eres uno de los personajes en la historia. Escribe la agenda de este personaje – las tareas que tienes que hacer y el día que haces cada tarea. ¿Te gusta hacer las tareas o no?

Ejemplo:

Me llamo Susana. Los lunes lavo la ropa. Me gusta lavar la ropa. Los martes lavo los platos. No me gusta lavar los platos.

Unidad tres

Ana, ¿qué quieres hacer?

Hola Maite, ¿qué tal?

Yo, regular. Tengo muy malas notas esta semana en matemáticas . . .

Pues yo también. Tengo muchos problemas, con tres ataques de asma esta semana. Y sólo tengo 6/20 en matemáticas.

¡Qué pena! Lo siento. ¿Qué dice tu padre cuando tienes malas notas?

No quiere saber. Mi padre está muy ocupado y no le importa nada.

Es que tiene mucho trabajo. ¿No? Trabaja muchas horas, Ana.

Sí, trabaja de las ocho de la mañana a las diez de la noche. Y come y bebe en su oficina. Es difícil porque no lo veo mucho y yo tengo muchas tareas que hacer en casa.

Gramática

-er verbs

On page 22 you saw the pattern for -ar verbs. The second group of verbs is the -er group – those whose infinitive ends in -er. Some of these verbs are used in the dialogue between Maite and Ana: comer ('to eat'); beber ('to drink') and ver ('to see'). These verbs have the following pattern:

comer – to eat		beber – to drink
como	I eat	bebo
comes	you (singular) eat	bebes
come	he/she/it eats	bebe
comemos	we eat	bebemos
coméis	you (plural) eat	bebéis
comen	they eat	beben

Try to complete the English forms of beber. Then try to complete both the English and Spanish for the verb ver ('to see').

Some -er verbs have slightly irregular forms which you will need to remember. You already know tener (see Unit 2, page 28); here are three more very useful verbs:

hacer – to do	saber – to know (a fact)	querer – to want
Watch out for the first person singular (I …):	Watch out for the first person singular:	Watch out for the extra 'i'!
hago	sé	quiero
haces	sabes	quieres
hace	sabe	quiere
hacemos	sabemos	queremos
hacéis	sabéis	queréis
hacen	saben	quieren

1

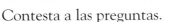

Contesta a las preguntas.

1 ¿Cómo está Maite?
2 ¿Cuál es el problema de Maite?
3 ¿Cómo está el padre de Ana?
4 ¿Cuántas horas al día trabaja el padre de Ana?

2

Escucha a Ana, José, Pedro, María, Juanita, Concha y Rafael. Escribe los nombres. ¿Quién…

a) ve la tele?
b) hace los deberes?
c) come?
d) bebe vino?
e) lee una novela?
f) va al colegio?
g) va al cine?

3

Escribe siete frases. Utiliza cada verbo con un día del mismo color.

Ejemplo: El lunes tengo muchos deberes.

lunes   martes   *miércoles*   jueves
viernes   sábado   domingo

quiero   bebo   tengo   *quiero*
leo (leer = to read)
como   hago

una novela   muchos deberes
las tareas domésticas   un helado
una hamburguesa
una coca-cola con Ana
ir a la discoteca
ir al parque
leer una revista   la plancha

4

Utiliza los dibujos para hacer unas frases. Tu pareja tiene que decir qué dibujo es.

Verbos útiles: comer, beber, leer, ver, hacer.

Ejemplo:

A — Hago los deberes.   B — Número 5.

1   2   3   4   5

6   7   8   9

Para ayudarte

Vocabulario

ataque (nm) – attack
color (nm) – colour
después (adv) – after
estudiar (v) – to study
hamburguesa (nf) – hamburger
hoy (adv) – today
luego (adv) – later, after
más tarde (adv) – later
medianoche (nf) – midnight
nada – nothing
no le importa – he does not care
no puedo – I cannot [from poder (v)
    – to be able to]
nota (nf) – mark, score, result
novela (nf) – novel (book)
película (nf) – film
¿qué hay? – What are you up
    to?/What is the matter?

5

¿Qué haces esta semana? Elige **a)** o **b)**. Escribe una frase para decir lo que haces.

Ejemplo: El lunes veo la televisión.

● lunes	● martes	● miércoles	● jueves	● viernes	● sábado	● domingo
a) ver la televisión **b)** comer en el restaurante con mis amigos	**a)** hacer los deberes de español **b)** hacer las tareas domésticas	**a)** arreglar mi dormitorio **b)** poner la mesa y beber sangría con la familia	**a)** dormir **b)** ir al colegio	**a)** hacer las tareas en casa **b)** ir a la cafetería con una amiga	**a)** ver una película **b)** leer una novela	**a)** comer una paella **b)** beber vino blanco

6   *Poema*

Lee y escucha el poema.
Copia las títulos en tu cuaderno.
Dibuja un símbolo para cada
actividad.

La mañana	La tarde	La noche	El fin de semana

La mañana.

La cama, el desayuno, el autobús, el cole.

La tarde.

El trabajo, el trabajo, el trabajo.

La noche.

La cena, los deberes, la televisión, la cama.

La vida.

¿Es así?

El fin de semana.

Los amigos, la piscina, el cine, el restaurante.

La vida.

¡No está mal!

Gramática

¿Qué hora es?   What time is it?

To say 'It is x o'clock', use the verb *ser* plus *la* or *las*, followed by the appropriate number for the hour.

Es/son + **la/las** + **una, dos, tres**, etc.

Watch out – hours are **feminine**, and hours above one are **plural**!

Es la una. It is one o'clock.

Son las dos. It is two o'clock.

Son las tres. It is three o'clock.

Son las cuatro. It is four o'clock.

Son las cinco. It is five o'clock.

Son las seis. It is six o'clock.

Son las siete. It is seven o'clock.

Son las ocho. It is eight o'clock.

Son las nueve. It is nine o'clock.

Son las diez. It is ten o'clock.

Son las once. It is eleven o'clock.

Son las doce. It is twelve o'clock.

To indicate which part of the day, use a time phrase followed by one of:
de la mañana   de la tarde   de la noche

Es la / Son las	6	7	8	9	10	11	12	1	2	3	4	5	6	7	8	9	10	11...
	de la mañana						de la tarde								de la noche			

7

Escribe frases.

Ejemplo: Veo la televisión a las siete de la tarde.

de la mañana   de la tarde
de la noche

8

Escucha la canción. Escoge un reloj para cada verso.

a 09:00 b c 10:00
d 07:00 e f 08:00

Mi casete personal

Mi vida cotidiana

Graba seis frases en tu casete. Habla de tu vida cotidiana.

Ejemplo: A las siete, tomo el desayuno. Voy al colegio a las nueve de la mañana. Hago mis deberes en casa por la tarde. Luego como un bocadillo, y bebo un café. A las ocho de la tarde, veo la televisión. A las once de la noche voy a la cama.

Para ayudarte

Vocabulario
así (adv) – like that
cotidiano (adj) – daily
pierdes – you miss [from perder (ie) (v) – to miss, to lose]
piscina (nf) – swimming pool
reloj (nm) – clock, wristwatch
vida (nf) – life

Memory training
Imagine you have to teach a number of phrases connected with daily routine to a group of younger pupils. What symbols would you use to make sure they understand the Spanish? Invent a set of symbols for: eating breakfast, going to school, watching TV, going to bed. Label them accurately in Spanish, for example *Tomo el desayuno.*

Gramática

-ir verbs

Verbs whose infinitive ends in *-ir* are the third (and last) group of regular verbs.

vivir – to live

vivo	I live
vives	you (singular) live
vive	he/she/it lives
vivimos	we live
vivís	you (plural) live
viven	they live

Try now to write out the pattern for *escribir* ('to write') and *subir* ('to go up').

Some important *-ir* verbs are irregular. One example is *decir* ('to say') – watch out for the '**i**' and '**e**' changes and for the spelling of the first person singular.

digo	I say
d**i**ces	you (singular) say
d**i**ce	he/she/it says
decimos	we say
decís	you (plural) say
d**i**cen	they say

9

Empareja las frases de las dos columnas.

1 Ana vive
2 Ana sube
3 Ana tiene
4 La profesora escribe una carta

a) al padre de Ana.
b) que hacer todas las tareas en casa.
c) con su padre.
d) a ver al director.

10

Escribe frases.

Ejemplo: (subir)  = *Ana sube a ver al director a las dos de la tarde.*

1 Yo (escribir)

11

Lee la carta. Empareja las frases de las dos columnas.

Ejemplo: **1 e)**

1 Ana termina	a) es martes.
2 Ana necesita	b) en Barcelona.
3 El cumpleaños de Eduarda	c) a ver a un cliente.
4 Eduarda vive	d) limpiar el suelo.
5 El padre de Ana sale	e) de preparar la comida.
6 Ana escribe	f) una tarjeta de cumpleaños.

2 (salir)

Ana,
Tengo que salir a ver a un cliente. Quieres terminar de preparar la comida antes de las dos y media. Puedes subir a ver a María para ver si tiene leche y dos huevos. Después de limpiar el suelo, puedes escribir a la tía Eduarda porque es su cumpleaños el martes. Su dirección está en mi agenda. Sabes que vive en Barcelona.
Un abrazo,
Papá.

3 Tú (subir)

4 Nosotros (decir) nuestros problemas al profesor

5 (salir)

Mi casete personal

Donde vivo

Contesta las preguntas y graba las respuestas en tu casete personal.

- ¿Dónde vives?
- ¿Vives en una casa o un apartamento?
- ¿Compartes tu dormitorio?

Para ayudarte

Vocabulario

cliente (nmf) – client
compartir (v) – to share
reñir (i) (v) – to tell (someone) off
subir (v) – to go up, raise

12

Empareja las frases con las ilustraciones. ¡Ojo! Hay una frase de sobra.

Ejemplo: **1 d**

1 Le presento a nuestros hijos.

2 ¿Luis es tu amigo?

3 ¿Dónde están mis cuadernos?

4 ¡Oye, Marina – tu mochila!

5 ¿Jose está aquí? Sí, mira – allí está su coche.

Gramática

Possessive adjectives

To show who owns something a possessive adjective is used in front of the noun.

mi libro	my book
tu libro	your book
su mochila	his/her rucksack
nuestro libro	our book
vuestra mochila	your rucksack
su casa	their house

In the plural, add an **s** or **es** to adjective and noun:

mis cuaderno**s**
vuestras mochila**s**
tus amigo**s**

NB vuestr**o/a** and nuestr**o/a** must have a **masculine** or **feminine** ending to match the gender of what is 'possessed':

nuestr**a** cas**a**
nuestr**os** hij**os**
vuestr**as** revist**as**

13

Elige **a)**, **b)** o **c)** y escribe las frases completas.

Ejemplo: **1 c)**

1 María no tiene **a)** nuestros **b)** vuestra **c)** su cuaderno hoy.
2 Juan quiere **a)** mis **b)** vuestras **c)** tu bolígrafos.
3 No tenemos **a)** vuestros **b)** nuestras **c)** tu raquetas de tenis.
4 Mi amiga quiere **a)** tus **b)** sus **c)** su mochila.
5 Ellos van a **a)** nuestra **b)** vuestra **c)** nuestro colegio.

14 *¿Dónde está? ¿Dónde están?*

Empareja los diálogos en la cinta con los dibujos.

Ejemplo: **1 a**

a

b

c

d

e

15

Mira los dibujos del ejercicio 14. Trabaja con tu pareja.

Ejemplo:

A ⟩ ¿Dónde está tu cuaderno de inglés?

B ⟩ Mi cuaderno está en la cocina.

16

Habla con tu pareja. Contesta las preguntas.

Ejemplo:

A ⟩ ¿Compartes tu dormitorio?

B ⟩ Sí, comparto mi dormitorio con mi hermano.

o

⟩ No, tengo mi propio dormitorio.

1 ¿Vives en Madrid?
2 ¿Vives en la ciudad?
3 ¿Dices siempre la verdad?
4 ¿Escribes a tus amigos?
5 ¿Subes muchas escaleras cada día?
6 ¿Compartes tus libros con tus amigos?

Para ayudarte

Vocabulario
ciudad (nf) – town, city
escalera (nf) – stairs

El diccionario
Often when you look up a Spanish word the dictionary gives several meanings. How do you know which to choose? For example: *Pamplona es una ciudad preciosa. Preciosa* can mean 'valuable' or 'beautiful'. Which is more likely here? Why?
The answer always depends on the context – choose the meaning that makes most sense in the situation.

¿Cuánto cuesta esta bicicleta?

Cuesta 50.000 pesetas.

1

¿Cuáles son tus problemas?

No tengo tiempo para estudiar . . .

2

¿Cómo se llama tu padre?

Se llama Felipe López.

3

¿Cuándo puedes terminar este trabajo, Felipe?

Mañana.

4

¿Por qué vienes tarde al colegio?

Porque tengo que hacer todas las tareas domésticas.

5

¿Qué quieres, Ana?

Quiero un bolígrafo, por favor.

6

Gramática

Asking questions – using interrogatives

Interrogatives are words used to ask questions. Here are some of the most useful ones. When these words are used to ask a question they always have an accent.

¿Qué?	What?	¿Qué quieres? ¿Qué hacen?
¿Por qué?	Why?	¿Por qué lees este libro?
¿Cuándo?	When?	¿Cuándo vamos al cine?
¿Cómo?	How?	¿Cómo estás?
¿Quién?	Who?	¿Quién quiere este cuaderno?
¿Cuánto?	How much?	¿Cuánto vale esta mochila?

17

Con tu pareja contesta las preguntas.

Ejemplo:

A ⟨ ¿Qué quiere Miguel?

B ⟨ Quiere una bicicleta.

1 ¿Qué quiere Miguel?
2 ¿Cuáles son los problemas de Ana?
3 ¿Cómo se llama el padre de Ana?
4 ¿Cuándo puede terminar su trabajo Felipe?
5 ¿Por qué llega tarde al colegio Ana?
6 ¿Quién quiere un bolígrafo?

18

Elige el interrogativo más adecuado y copia las frases en tu cuaderno.

1 Hola, ¿…
    a) qué   **b)** cuándo   **c)** por qué   quieres hoy?

2 Miguel, ¿…
    a) cuánto   **b)** cuándo   **c)** quiénes   tienes que ir?

3 Marisa, ¿…
    a) por qué   **b)** quién   **c)** qué   haces esto?

4 Niños, ¿…
    a) quién   **b)** qué   **c)** cuánto   quiere caramelos?

5 Papá, ¿…
    a) qué   **b)** cuándo   **c)** cómo   estás libre?

19

Lee y copia la carta. Utiliza las palabras de la casilla para rellenar los huecos.

¿Qué?	¿Cuánto?		¿Cuándo?	
¿Cómo?		¿Quién?		¿Por qué?

Querida Kirsty,

Muchas gracias por la foto de tu familia.

¿ **(a)** _____ es el chico con chándal? Es muy guapo.

¿ **(b)** _____ vienes a España, en julio o en agosto?

¿ **(c)** _____ vienes, en barco o en avión?

¿ **(d)** _____ _____ no me mandas otra foto de este chico? ¿ **(e)** _____ cuesta mandar un paquete desde Inglaterra?

Bueno, voy al cine con unas amigas esta tarde.

¿ **(f)** _____ haces tú normalmente los sábados?

Un abrazo,

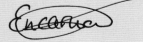

20

Escribe unas preguntas. Utiliza las palabras del ejercicio 19 para rellenar los espacios.

.... es el chico?

.... vas al insti?

.... no compras la bici?

.... es tu cumpleaños?

.... está Miguel?

Mi casete personal

Preguntas

Inventa cinco preguntas. Utiliza cinco interrogativos diferentes. Graba tus preguntas y las respuestas en tu casete personal.

Para ayudarte

Vocabulario

abrazo (nm) – embrace (at the end of a letter, un abrazo = 'love from')

bicicleta (nf) – bicycle

insti (= instituto) (nm) – school

mañana – tomorrow, in the morning

En la clase de historia

Hoy Ana viene tarde al colegio. Son las diez de la mañana. La profesora, la señora Gómez, está muy enfadada porque Ana viene tarde al colegio. Ahora la profesora hace unas preguntas.

21

Lee las respuestas de abajo, y escribe las preguntas. Utiliza los interrogativos de la casilla.

¿Cuándo …?	¿Qué hora es?
¿Qué … ?	¿Cómo…?
¿Por qué …?	¿Quién… ?

Ejemplo:
1 **Ana** viene al colegio en autobús.

Pregunta: *¿**Quién** viene al colegio en autobús?*

2 La profesora está enfadada **porque** Ana no tiene su cuaderno.
3 **Son las diez.**
4 Ana no tiene **su cuaderno**.
5 **El director** viene al colegio en coche.
6 Pili y María vienen al colegio **en metro**.
7 Ana viene al colegio **a las diez.**

Gramática

venir – to come (from)

This is an important -*ir* verb but it is slightly irregular. Watch out for the extra 'i's and for the first person singular.

vengo	I come
vienes	you (singular) come
viene	he/she/it comes
venimos	we come
venís	you (plural) come
vienen	they come

22

¿De dónde vienen las personas de abajo? Túrnate con tu pareja.

Ejemplo:

A  ¿De dónde viene Mark?

B Mark viene de Luton. Es inglés.

1 Esteban (mira la página 12)

2 Ana y Felipe (mira las páginas 6 y 10)

3 Marisol (mira la página 4)

4 Pierre (mira la página 18)

5 Susana (mira la página 18)

6 Miguel (mira la página 8)

23

Ana habla con Maite. Escucha el diálogo y decide si las frases son verdaderas o falsas. Escribe V o F.

1 Ana no quiere ir al colegio.
2 Ana viene a las doce a clase.
3 Ana viene en bicicleta.
4 El padre de Ana no le da dinero para la cantina.
5 Maite es muy generosa.

24 ¿Cómo vienes al colegio?

Escucha las preguntas e identifica las respuestas.

¿Vienes en tren?

¿Venís en autobús?

¿Venís en metro?

¿Vienes en coche?

¿Vienes a pie?

¿Venís en autocar?

¿Vienes en bicicleta?

Sí, vengo en coche.

Sí, vengo en bicicleta.

Sí, vengo en tren.

Sí, vengo a pie.

Sí, venimos en autobús.

Sí, venimos en metro.

Sí, venimos en autocar.

25   Poema

Lee y escucha el poema.
Busca las palabras rojas en tu
diccionario. ¿Qué significan estas
palabras en inglés?

> ¡De prisa! ¡De prisa!
> Como tostadas, bebo café.
> Cojo la mochila para ir al cole.
> Salgo de prisa. Voy por la calle.
> A la parada, minutos espero.
> En el autobús, pero ¡no hay dinero!
> Llego al cole, ya es recreo.
> Señor Director, ¡qué día más feo!

26

Empareja las frases de las dos columnas.

Ejemplo: **1 c)**

1 Marisol y Susana
2 Maite viene al colegio
3 Felipe coge un taxi
4 Miguel
5 Ana prefiere
6 Tomás y su hermano

a) en autocar.
b) para ir al centro.
c) van a la universidad a pie.
d) van al colegio en monopatín.
e) quiere viajar en coche.
f) el autóbus.

Para ayudarte

Vocabulario
cojo – I take [from coger (v) – to
  take]
enfadado (adj) – annoyed
parada (nf) – (bus) stop
lo he perdido – I have missed it
monopatín (nm) – skateboard
viaje (nm) – journey

Wordwebs
To help you remember all the ways
to travel that you have met, start a
wordweb, like the one below. Use
a dictionary to help you.

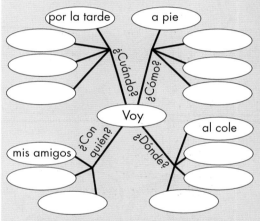

Try to use as many question words
as you can when you construct your
wordweb.

Mi casete personal

Mi viaje
¿Y tú? ¿Cómo vas al trabajo o
al colegio cada mañana?
Graba unas frases en tu casete
personal.

¿Adónde quieres ir?

Gramática

Ir ('to go') is an irregular -ir verb. It is a very useful verb to know.

voy	I go
vas	you (singular) go
va	he/she/it goes
vamos	we go
vais	you (plural) go
van	they go

How to say 'to the'

To say 'to the', use a ('to') with the appropriate word for 'the'. (Look back at the Gramática boxes on pages 4 and 6 in Unit 1 to revise the definite article.) Note – a and el combine to form al – 'to the'.

Vamos **al** cine.
Vamos **a la** discoteca.
Me gusta ir **a los** museos.
Maite va **a las** tiendas.

Special case: Voy **a casa**. – 'I go home.' You don't use 'la' in this phrase.
To say 'from the', use de ('from') with the definite article. NB de and el combine to form del.

Ana viene **del** restaurante.
los nombres **de la** lista
un mensaje **de los** estudiantes
dibujos **de las** revistas

27

¿Adónde quiere ir Ana? Escoge las ilustraciones que convengan.

a   b   c   d   e

f   g   h   i   j

28

Mira otra vez los dibujos del ejercicio 27 y escucha el casete. Empareja los diálogos de la cinta con los dibujos.

Ejemplo: **1 f**

29 ¿Adónde vamos esta semana?

Escribe frases completas.

Ejemplo: El lunes voy a la discoteca.

El lunes voy		
El martes voy		
El miércoles vamos		
El jueves vas	al	
El viernes vais	a la	
El sábado van	a los	
El domingo ella va	a las	
Juan va siempre		
Los niños van		
Hoy vamos		

Para ayudarte

Vocabulario
algo – something
dar un paseo – to go for a walk
idea (nf) – idea
nadar (v) – to swim
obra (nf) teatral (adj) – a play
seguro (adv) – for sure
tomar (v) el sol – to sunbathe
vale – OK

Memory training
To help you remember how the verb *ir* works, try colour-coding some examples, like this:

Voy	a jugar	al tenis
Vamos	a la	piscina
¿Vas	al	polideportivo?

30   Canción: el rap de Marisol

Escucha la canción. Para cada verso, escoge un símbolo que convenga.

Ejemplo: Verso 1 – c

a

b

c

d

e

f

g

h

31

Mira los dibujos del ejercicio 30.
A – Haz la pregunta, '¿Adónde vas?'.
B – Contesta a la pregunta.
A – Identifica el dibujo correcto.

Mi casete personal

Voy a ...
Prepara siete frases para tu casete personal. Describe adónde vas cada día de la semana.

Ejemplo: El lunes voy al teatro con mis amigos. El martes …

32

Lee y escucha la conversación entre Ana y su padre Felipe. Empareja las frases de las dos columnas.

Ejemplo: **1 f)**

1 Ana quiere
2 Felipe no tiene
3 Hoy Felipe quiere
4 Maite sale cada semana
5 Hoy Ana tiene
6 Ana dice que Felipe no tiene

a) dinero.
b) que lavar y planchar la ropa.
c) al cine.
d) tiempo para ella.
e) terminar su trabajo.
f) salir con su padre.

Gramática

Telling someone what to do

To give a command, i.e. to ask or tell someone to do something, use the *tú* form of the verb, but miss off the final 's'.

verb	tú form	command
hablar	hablas	¡Habla más despacio! Speak more slowly!
comer	comes	¡Come las verduras! Eat your vegetables!
escribir	escribes	¡Escribe una carta a tu abuela! Write to your gran!

Some of the most useful verbs have irregular command forms which you'll need to learn. Look up these verbs in your dictionary if you need to.

decir	di		salir	sal
hacer	haz		tener	ten
poner	pon		venir	ven

You know a good number of commands already – they are in the instructions for the exercises. You should know all the commands listed below – if you can't remember any of them, look them up in the list of instructions at the front of the book.

> Escucha Lee Escribe Habla Empareja
> Escoge Mira Elige Identifica Inventa
> Apunta Busca Rellena Utiliza Graba
> Contesta

Mi casete personal

El fin de semana

Prepara tres frases para tu casete para decir lo que quieres hacer este fin de semana con tus padres y tus amigos.

Ejemplo: El viernes salgo con Peter y Sonia al cine …

33

Ahora lee la conversación entre Ana y su padre y escoge las respuestas apropriadas. Escribe **a)**, **b)**, o **c)**.

1 ¿Qué quiere Ana?
  a) Quiere dar un paseo.
  b) Quiere hablar con su padre.
  c) Quiere dinero.
2 ¿Qué es lo que no tiene Felipe?
  a) Dinero y clientes.
  b) Dinero y trabajo.
  c) Dinero y tiempo.
3 ¿Adónde va Maite con sus padres?
  a) al colegio   **b)** al centro   **c)** dar un paseo
4 ¿Qué quiere comprar Ana hoy?
  a) un helado   **b)** ropa   **c)** una película
5 ¿Adónde va Maite con su hermano?
  a) al centro
  b) a ver una película
  c) a la heladería
6 ¿Qué tiene que terminar Felipe?
  a) su helado   **b)** unas cartas   **c)** lavar la ropa
7 ¿Qué tiene que hacer Ana para poder salir?
  a) el trabajo de Felipe
  b) ir a la piscina
  c) las tareas domésticas
8 ¿Adónde van a ir Felipe y Ana mañana?
  a) a la piscina   **b)** al centro   **c)** al cine

Para ayudarte

Vocabulario

a ver – let's see
barato (adj) – cheap
coger (v) – to take
cuesta – it costs [from costar (ue) (v) – to cost]
¿de acuerdo? – agreed?
justo (adj) – fair (= just)
obtener (v) – to obtain
sacar (v) – to get, take

34 La tortilla española

Mira las ilustraciones. Pon las frases en el orden correcto.

Ejemplo: e),...

a) Cocina lentamente.
b) Bate los huevos.
c) Fríe la cebolla y las patatas.
d) Sirve caliente o fría.
e) Pela la cebolla y las patatas.
f) Pon un poquito de sal y pimienta.
g) Corta la cebolla y las patatas.
h) Añade los huevos.

35

Lee la carta de Ana a su tía Eduarda y decide si las frases 1–6 son verdaderas o falsas. Escribe V o F.

Pamplona, el 2 de abril

Querida tía Eduarda:
Ya sabes que papá está siempre muy ocupado con su trabajo, así que yo tengo que escribirte para no perder el contacto con la poca familia que tenemos. Papá y yo casi no salimos nunca, ni al teatro, ni al cine, ni a la bolera, al contrario que mi amiga Maite, que va con sus padres. Por eso no tengo nada interesante que escribir. Normalmente, para ayudar a papá, paso la aspiradora, lavo los platos, cocino un poco, paso la plancha y limpio el polvo. Esto no me deja mucho tiempo para estudiar. Los profesores no están muy contentos con las notas que estoy sacando en este momento. Siempre llego tarde al colegio porque estoy muy cansada. Maite es una verdadera amiga para mí y me ayuda mucho. A veces salimos juntas al centro, damos un paseo, compramos una bebida y hablamos con los amigos. A veces, también voy a su casa a escuchar discos. Es muy simpática. Este año estudio francés en el colegio, me gusta mucho. Bueno, termino aquí ahora.
Muchos besos.

Ana

1 Ana está obteniendo buenos resultados.
2 Ana va con Maite a la bolera.
3 Ana tiene que hacer todas las tareas domésticas en casa.
4 Felipe no tiene nada que hacer de momento.
5 Maite va a la casa de Ana para escuchar discos.
6 Ana estudia una lengua europea este año.

Para ayudarte

Vocabulario
añadir (v) – to add
batir (v) – to beat
cebolla (nf) – onion
huevo (nm) – egg
pimienta (nf) – pepper
sal (nm) – salt

Ya lo sé

A *Agenda ilustrada*

Dibuja una agenda para un día típico de colegio. Dibuja un reloj y un símbolo para cada actividad. Luego escribe una frase en español para describir la actividad.

Ejemplo: Tomo el desayuno a las ocho.

B *Un plano de mi pueblo*

Dibuja un plano muy básico de tu pueblo. Marca en el plano tu casa, tu instituto y las facilidades locales. ¿Hay un cine, un parque, un museo, una cafetería, una bolera, un centro comercial, una piscina, un polideportivo, un estadio, una discoteca, un teatro? ¿Hay otras facilidades? Busca en el diccionario si es necesario.

C *Una receta – un bocadillo de huevos con atún*

Mira las ilustraciones. Escribe una frase para cada ilustración a–d. Utiliza las palabras en la casilla. Mira la gramática, página 49.
Necesitas:

- tres huevos duros
- una lata de atún
- una cucharada de salsa de tomate
- una cucharada de mahonesa

Corta   Mezcla   Añade   Pon   Pela

Ahora haz el bocadillo en tu casa.

1 **¿Verdad o mentira?**

Para cada frase, elige una letra. Identifica la palabra sorpresa.

Ejemplo: **1** *verdad* = C

	Verdad	Mentira
1 Miguel está fenomenal.	C	D
2 Señora Ortega está enferma.	T	A
3 Miguel trabaja con Carmen hoy.	R	M
4 Hay un camión que llega a las nueve.	I	S
5 Miguel trabaja en el depósito.	Ó	B
6 Carmen trabaja en la caja hoy.	E	N

2

Escucha y escoge la respuesta correcta. Escribe **a)**, **b)**, **c)** o **d)**.

1 Por la mañana Miguel y Juanjo trabajan en
   a) la caja   **b)** la tienda   **c)** el depósito   **d)** la oficina
2 Trabajan en la caja
   a) dos horas   **b)** una hora   **c)** toda la mañana   **d)** tres horas
3 Después
   a) descargan un camión   **b)** limpian el suelo
   c) ayudan en la caja   **d)** llenan los estantes
4 Terminan a las
   a) seis   **b)** cinco   **c)** siete   **d)** ocho

Gramática

In Spanish, the form of the verbs you use when talking to someone depends on how well you know them. With a stranger or older person (except your family), you use the 'polite' form, which is the same part of the verb as for 'he/she', adding the formal word for you, 'usted' (singular) or 'ustedes' (plural).

1 Talking to one person – asking how they are:
   • to someone you know – ¿Cómo est**ás**?
   • to a stranger or older person – ¿Cómo est**á** (usted)?
2 Talking to two or more people.
   • to people you know – ¿Cómo est**áis**?
   • the 'polite' form – ¿Cómo est**án** (ustedes)?

hablar	**comer**	**vivir**
hablas – you speak	**comes** – you eat	**vives** – you live
habla – he/she speaks, you (polite sing.) speak	**come** – he/she eats, you (polite sing.) eat	**vive** – he/she lives, you (polite sing.) live
habláis – you speak	**coméis** – you eat	**vivís** – you live
hablan – they speak, you (polite plur.) speak	**comen** – they eat, you (polite plur.) eat	**viven** – they live, you (polite plur.) live

3

En grupos de tres personas:

B y C – Tenéis que mirar las ilustraciones, y escoger una en secreto.

A – Haz preguntas para identificar lo que hacen los otros dos.

a
b
c
d
e
f

Ejemplo: B y C escogen ilustración b.

A ¿Llenáis los estantes?   **B y C** No.

A ¿Limpiáis el suelo?   **B y C** Sí.

Y ahora ...

A y C – Tenéis que escoger la ilustración.
B – Haz las preguntas.

4

Copia la carta de Esteban y rellena los blancos.
    Palabras para utilizar:
ayudáis; trabajáis; empezáis; descargáis; hacéis; tengo; interesa; termináis; gracias; llenáis

5

Escucha las frases. Para cada frase apunta en tu cuaderno F (familiar) o C (cortés = polite).

*Ejemplo: **1** C*

Para ayudarte

Vocabulario
caja (nf) – cash desk
camión (nm) – lorry
claro – of course
de vez en cuando (adv) – from time to time
depósito (nm) – stockroom
descargar (v) – to unload
enfermo (adj) – ill
eso es – that's it
saber (v) – to know

Reading and listening skills
Train yourself to listen and look out for verbs, especially the endings. They are a good clue as to what is happening and who is doing what. Which verbs do the following words come from? Who do they refer to? If you wanted to check these verbs in the dictionary, what would you need to look up in each case?

pasan   empezamos   bebéis
alquiláis   escriben   vivo   ganas
escoge   preferís   comemos

Querido Miguel:

Muchas _____ por la carta.
Me _____ el empleo, pero
_____ unas preguntas.
¿Qué _____ allí
exactamente? ¿_____ los
camiones? ¿_____ los
estantes? ¿_____ en la
tienda o en el depósito?
¿_____ en la caja? ¿A
qué hora_____ por la
mañana y _____ por la
tarde?

Escríbeme pronto,

Esteban

Más números

A ver, recambios de papel, setenta cajas … reglas, ochenta cajas … carpetas, sesenta cajas … bolígrafos, cien cajas … lápices, cincuenta cajas. ¿Cincuenta cajas? ¡No es posible! ¡Sólo hay cuarenta! ¡Y hay noventa cajas de estuches! ¡Demonios!

Nota de entrega	Cajas	
Recambios de papel	70	✔
Reglas	80	✔
Carpetas	60	✔
Bolígrafos	100	✔
Lápices	50	✗
Estuches	40	✗

6

Escucha atentamente. Escribe los números en el orden de la cinta.

88	43	99	51	68	73	100

7 Los prefijos de teléfono

Lee los prefijos. Empareja cada prefijo con el número correcto. ¡Atención! No vas a utilizar todos los números.

Algeciras – cincuenta y seis	58
Cartagena – sesenta y ocho	23
Córdoba – cincuenta y siete	56
Granada – cincuenta y ocho	57
Ibiza – setenta y uno	77
La Coruña – ochenta y uno	58
Pamplona – cuarenta y ocho	86
Pontevedra – ochenta y seis	43
Salamanca – veintitrés	81
San Sebastián – cuarenta y tres	48
Tarragona – setenta y siete	68
	71

8 Un poco de matemáticas

¿Cuál es la respuesta correcta?

Ejemplo: **1** 31 + 47 = 78 = **b)**

1	31 + 47	**a)** ochenta y ocho	**b)** setenta y ocho	**c)** setenta y siete
2	54 + 43	**a)** noventa y siete	**b)** ochenta y siete	**c)** setenta y siete
3	31 + 66	**a)** noventa y nueve	**b)** ochenta y nueve	**c)** noventa y siete
4	32 + 39	**a)** setenta y nueve	**b)** setenta y dos	**c)** setenta y uno
5	35 + 52	**a)** ochenta y siete	**b)** setenta y siete	**c)** ochenta y tres

9

Miguel coge el autobús – ¿pero cuál? Escucha atentamente, y apunta en tu cuaderno los números de los autobuses en el orden de la cinta.

Horario de autobuses	
Número de autobús	Hora de llegada a esta parada
76	1020
81	1031
98	1040
101	1045
67	1100
58	1105
45	1120

10

Miguel escribe sobre su familia. Lee la carta y apunta las edades de las personas en la familia de Miguel.

Ejemplo: Padre – 47

Hay muchas personas en mi familia. Mi padre, que tiene cuarenta y siete años, y mi madre que tiene cuarenta y dos años. Mi hermana tiene dieciocho años, y luego están mis abuelos. Mi abuelo tiene setenta y cinco años y mi abuela tiene sesenta y ocho años. También tengo un primo que tiene veintiún años, mi tío que tiene cincuenta y dos años, y mi tía, la hermana de mi padre, que tiene cuarenta y nueve años.

Mi casete personal

Mi familia

Lee la carta de Miguel sobre su familia, y escribe unos apuntes sobre tu familia. Grábalos en una cinta.

Ejemplo: Mi padre tiene cuarenta y cuatro años. Mi madre tiene treinta y nueve años.

11  *El campeonato de golf*

Escucha la radio con Miguel. Copia la tabla y apunta los resultados de los líderes.

Nombre	Resultado
Ejemplo: Alcalde	*71*
Barrios	
Casado	
Garcés	
Martínez	
Muñoz	
Pardina	

Para ayudarte

Los números

40 cuarenta	41 cuarenta y uno
50 cincuenta	52 cincuenta y dos
60 sesenta	63 sesenta y tres
70 setenta	74 setenta y cuatro
80 ochenta	85 ochenta y cinco
90 noventa	96 noventa y seis
97 noventa y siete	98 noventa y ocho
99 noventa y nueve	100 ciento
101 ciento uno	102 ciento dos

'Ciento' is the word for 100 on its own, but if you are counting things, then it shortens to 'cien', e.g. cien libros – 100 books; cien reglas – 100 rulers

Vocabulario

apuntar (v) – to note down
campeonato (nm) – championship
¡demonios! – oh no!
edad (nf) – age
nota (nf) de entrega (nf) – delivery note
parada (nf) (de autobuses) – bus stop
prefijo (nm) – telephone code

18 Miguel compra un casco

Escucha el casete. Apunta las letras de los cascos en el orden de la cinta.

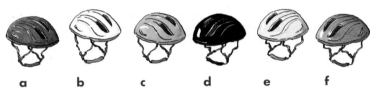

a   b   c   d   e   f

Ejemplo: **1 b**

¡Hay más! – Identifica el casco que compra Miguel.

19

Lee la información sobre las bicis. Luego rellena los blancos en cada frase.

Ejemplo: **1** *La bici roja cuesta 45.600 pesetas.*

1 La bici roja cuesta _____ pesetas.
2 La bici verde cuesta _____ pesetas.
3 La bici _____ cuesta 40.500 pesetas.
4 La bici _____ cuesta 48.300 pesetas.
5 La bici amarilla cuesta _____ pesetas.
6 La bici _____ cuesta 34.800 pesetas.

Gramática

Adjectives give you more information about nouns. They describe nouns, and help you identify which noun is being spoken about. Remember that Spanish adjectives:

1 usually come after the noun.
2 must **agree** with the noun. For example, if a noun is **feminine** and **singular**, then the adjective must be feminine and singular as well.

Adjectives that end in **o** in the masculine singular change as follows:

masculine singular	feminine singular	masculine plural	feminine plural
negr**o**	negr**a**	negr**os**	negr**as**

Adjectives that end in a consonant or **e**, however, have only two forms:

masculine and feminine singular	masculine and feminine plural
marrón	marron**es**
elegante	elegant**es**

As you can see, they form their plural by adding **-es** to the final consonant or **-s** to the **e**.

20

Mira los objetos y los colores. Escribe ocho frases.

Ejemplo: un casco negro

un/una/unos/unas

un/una/unos/unas

un/una/unos/unas

un/una/unos/unas

un/una/unos/unas

un/una/unos/unas

un/una/unos/unas

un/una/unos/unas

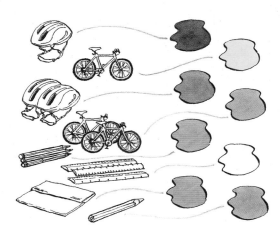

21 *El cuerpo*

- la cabeza
- el pelo
- el ojo
- la garganta
- el cuello
- el brazo
- la mano

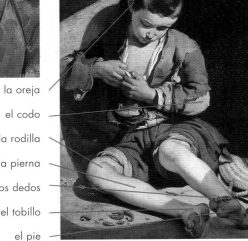

- la oreja
- el codo
- la rodilla
- la pierna
- los dedos
- el tobillo
- el pie

Haz un dibujo de un amigo/una amiga, o utiliza una foto de una persona famosa recortada de una revista. Apunta la ilustración con los nombres de las partes del cuerpo.

Para ayudarte

Vocabulario

barato (adj) – cheap
bueno (adj) – good
caro (adj) – expensive
chulo (adj) – brilliant
elegante (adj) – smart
grande (adj) – big
marcha (nf) – gear
pequeño (adj) – small
¡caray! – wow!

Memory training

Try using a wordweb to help you remember words for descriptions.

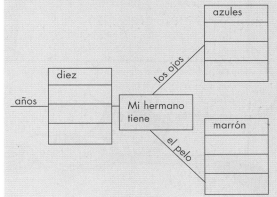

Mi casete personal

Una descripción personal
Lee esta descripción y luego graba unas frases sobre ti. (Cambia las palabras subrayadas.)

Me llamo Maite. Tengo quince años. Tengo el pelo rojizo y los ojos marrones. Mi hermano se llama Roberto. Tiene dieciocho años. Tiene el pelo negro y los ojos marrones.

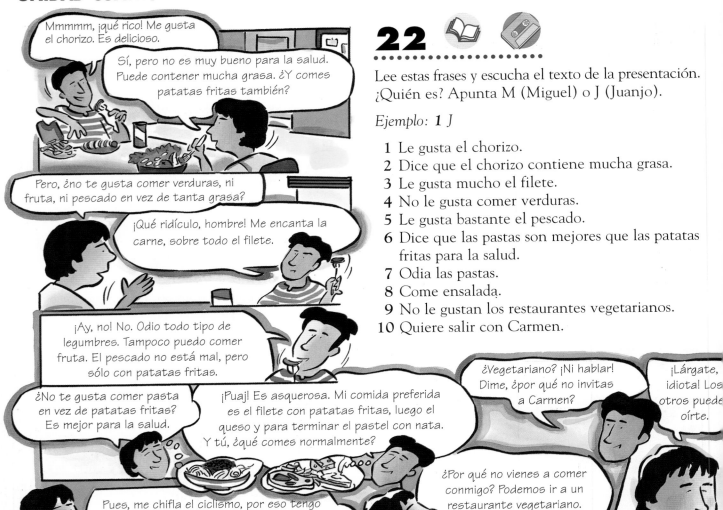

22

Lee estas frases y escucha el texto de la presentación. ¿Quién es? Apunta M (Miguel) o J (Juanjo).

Ejemplo: **1** J

1 Le gusta el chorizo.
2 Dice que el chorizo contiene mucha grasa.
3 Le gusta mucho el filete.
4 No le gusta comer verduras.
5 Le gusta bastante el pescado.
6 Dice que las pastas son mejores que las patatas fritas para la salud.
7 Odia las pastas.
8 Come ensalada.
9 No le gustan los restaurantes vegetarianos.
10 Quiere salir con Carmen.

23

Escribe la lista de compras de Miguel y también la de Juanjo.

Gramática
Using *gustar* to talk about likes and dislikes
In Unit 2 you found out about using **me gusta** with a verb to say 'I like doing something'. You can also use gustar with nouns to say what or whom you like/dislike:
***No me gusta** el chorizo, pero **me gustan** la ensalada y los tomates.* I don't like chorizo, but I like salad and tomatoes.
***Me gusta** el profesor de inglés.* I like the English teacher.
You can see that gustar has to be in the singular form (gusta) or the plural form (gustan) depending on whether you are talking about one or more things or people.
   To ask a friend 'Do you like …?', you say **¿te gusta?** or **¿te gustan?**
***¿Te gusta** la comida italiana? **¿Te gustan** los tomates?*

24 Túrnate con tu pareja

Ejemplo:

A: ¿Te gusta el chorizo?

B: No, no me gusta el chorizo.

B: ¿Te gustan las patatas fritas?

A: Sí, me gustan las patatas fritas.

25

Escucha el casete. Cinco jóvenes hablan de lo que les gusta comer. Copia y completa la tabla.

Nombre	Le gusta(n) ...	No le gusta(n) ...
Ejemplo: Rafa	ensalada	chorizo
Pilar		
José María		
Yoli		
Javi		

26

En la cafetería. Escucha el casete. ¿Para quién es cada plato?

Ejemplo: **1** *Rafa*

1

2

3

4

5

Mi casete personal

Me gusta comer ...

Escucha los diálogos de los ejercicios 25 y 26 otra vez. ¿Qué te gusta comer? ¿Qué no te gusta comer? Graba unas frases en tu casete personal.

Para ayudarte

Vocabulario

aceite (de oliva) (nm) – (olive) oil

asqueroso (adj) – revolting

carne (nf) – meat

chorizo (nm) – spicy sausage

en forma – fit

filete (nm) – steak

grasa (nf) – fat (in food)

¡lárgate! – clear off!

legumbres (nfpl) – vegetables

nata (nf) – cream

¡ni hablar! – no way!

pastel (nm) – cake

pescado (nm) – fish

¡qué rico! – how delicious!

queso (nm) – cheese

salud (nf) – health

sobre todo (adv) – especially

verduras (nfpl) – greens, vegetables

Memory training

Which foods are good for you? To help you remember food vocabulary make two lists under these headings:

Bueno para la salud   Malo para la salud

27

Lee el texto y escucha el casete. Para cada frase, apunta el número de la ilustración que convenga. Para ayudarte, busca las palabras subrayadas en el diccionario.

Ejemplo: a) 5

a) Miguel está cansado.
b) Miguel no tiene cuidado.
c) Miguel come el almuerzo.
d) Miguel toma un refresco.
e) El conductor del coche se siente* furioso.
   (*el infinitivo es 'sentirse')
f) Miguel está decepcionado con el tiempo que hace.
g) Miguel sale* de la casa. (*el infinitivo es 'salir')
h) Miguel se quita* su canguro impermeable.
   (*el infinitivo es 'quitarse')

Gramática

The verb **tener** is a good verb to know well. It means 'to have' (e.g. Tengo un boli – I have a biro) but you can also use it with other nouns to describe how you or other people feel or the state that they are in. You use the correct part of tener and one of the words from the list below.

tener calor	to be hot
tener cuidado	to be careful
tener dolor	to hurt
tener éxito	to be successful
tener fiebre	to have a temperature
tener frío	to be cold
tener hambre	to be hungry
tener miedo	to be frightened
tener prisa	to be in a hurry
tener sed	to be thirsty
tener sueño	to be sleepy
tener suerte	to be lucky

Two other important expressions are:
tener ganas de – to feel like doing something
Tengo ganas de ir al cine.
tener que – to have to do something
Tengo que trabajar los sábados.

28

Escucha el casete. Apunta las ilustraciones en el orden de la cinta.

Ejemplo: **1 d**

29

¿Cuántas frases correctas en cinco minutos? Utiliza las ilustraciones del ejercicio 28. Trabaja con una pareja.

Ejemplo: Tengo calor.

30

Lee la agenda de Miguel, y luego corrige las frases que siguen.

Ejemplo: **1** Miguel tiene *que descargar los camiones.*

1 Miguel no tiene que descargar los camiones.
2 Carmen tiene que llenar los estantes.
3 Miguel no tiene que ayudar en la caja.
4 Carmen tiene que limpiar el suelo.
5 Miguel tiene sueño en el depósito.
6 Miguel tiene hambre todo el tiempo.
7 Miguel tiene calor por las tardes.
8 Miguel siempre tiene hambre.
9 Miguel tiene miedo del tráfico.

Hay mucho trabajo en la tienda en este momento. Tengo que descargar los camiones cada día, y luego tengo que llenar los estantes. Después tengo que ayudar en la caja porque Carmen está enferma. Tengo que limpiar el suelo también. No tengo mucha suerte y no es justo. Pero gano dinero y tengo mi bici por fin. Es muy difícil, porque tengo calor en el depósito y tengo sed todo el tiempo. No hago mucho por la tarde, porque tengo sueño. Juanjo come mucho, y siempre tiene hambre. Tiene miedo de ir en bici un poquito, porque a Juanjo no le gusta el tráfico. Bueno, me voy a la cama. Ya es tarde, y tengo frío.

31

El curso de biología. Empareja las letras con las palabras abajo.

Ejemplo: **a** la cabeza

el brazo

la cabeza

la pierna

la mano

el codo

la rodilla

el pie

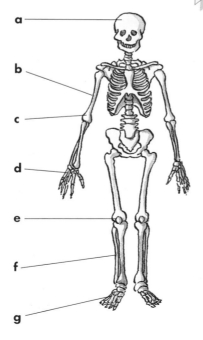

Para ayudarte

Vocabulario
boca (nf) – mouth
me chifla – I love
¡menudo tiempo! – what weather!
proteger (v) – to protect
seco (adj) – dry

Memory training
Make a wordweb (like the one on page 59) with **tener** in the centre. How many expressions can you remember? Illustrate each one.

32

Escucha la canción 'Un paseo en bici'. Copia el texto y rellena los blancos.

Doy un paseo en bici
Doy un paseo en bici
Doy un paseo en bici, es _____.

1 _____ kilómetros, tengo _____.
   _____ kilómetros, tengo _____.
   _____ kilómetros, tengo _____.
   _____ kilómetros, tengo _____.
2 _____ kilómetros, tengo _____.
   _____ kilómetros, tengo _____.
   _____ kilómetros, tengo _____.
   _____ kilómetros, tengo _____.
3 _____ kilómetros, tengo _____.
   Tengo _____ de dormir
   Pero el fin del paseo – ¡tengo _____!
   Tengo _____ – ¡eso es vivir!

34

Lee el artículo sobre las bicis todoterreno.

1 Utiliza un diccionario para buscar las palabras subrayadas.

Ejemplo: sitios – sitio (nm): place, site

* atraviesan – el infinitivo es 'atravesar'

2 Escribe unas palabras para cada frase:
  a) Un sitio donde se puede dar un paseo en bici todoterreno.
  b) Las regiones donde hay grandes rutas.
  c) Lo que hay que comprar.
  d) Un problema con los paseos en bici todoterreno.

3 Tu amigo se interesa en el ciclismo, pero no habla español. Escribe unas palabras en inglés para comunicarle lo que dice el artículo.

35 *Palabras mezcladas*

¿Qué son ...?

ITSOSI BRAMSOECI PORA STOGSA NORESIO ROTENER

33

Trabaja con tu pareja. ¿Qué dices cuándo ...

1 ... estás en el Círculo Polar Ártico y no tienes jersey?
2 ... estás en el desierto y no tienes agua?
3 ... estás en una casa embrujada y ves un fantasma?
4 ... tienes sólo tres minutos para coger el tren?
5 ... estás en una sauna?
6 ... ves una comida deliciosa?
7 ... ganas la Lotería?

Ejemplo:

A   Cinco.

B   ¡Tengo calor!

¿Adónde ir en bici?

Hay muchos <u>sitios</u> en España donde se pueden dar paseos en bici <u>todoterreno</u>. Por ejemplo, hay las Bárdenas Reales en la provincia de Zaragoza.

Pero también hay grandes rutas que <u>atraviesan</u> * los continentes asiático, africano y americano.

¿Interesado? Pues, primero hay que comprar una bici con elementos <u>reforzados</u> y un buen <u>puñado</u> de <u>recambios</u>. Luego la <u>ropa cómoda</u> también es necesaria. Después de estos <u>gastos</u>, el viaje cuesta casi <u>nada</u>.

El problema es el impacto de las bicis en el <u>terreno</u>. Los <u>derrapajes</u> y los fuertes <u>acelerones</u> pueden causar erosión, y por eso hay que tener cuidado.

Ya lo sé

A Los colores

Haz una serie de ilustraciones, como un friso, para enseñar los colores a los alumnos menores que tú. Puedes utilizar, por ejemplo, las camisetas, los cascos, los coches de carrera, las banderas, los tabardos, o los equipos de fútbol.

C Un póster

Haz un póster para enseñar los números de 40 hasta 100 a los alumnos menores que tú. No necesitarás todos los números. Puedes utilizar la camisetas de un equipo de fútbol americano, o unos autobuses…

D

Copia y rellena los globos. Utiliza las palabras abajo. (¡Atención! No necesitarás todas las palabras.)

una nariz
un ojo
una pierna
una mano
una cabeza
unos brazos
una oreja
un pie
unos dedos
un codo

E

Escoge unas personas famosas de la actividad D y rellena una tarjeta de identidad para cada una. Pon las cartas en la pared de la sala de clase.

F Dibujos

Dibuja un dibujo cómico para ilustrar cada una de estas frases. Tengo calor; Tengo frío; Tengo hambre; Tengo sed; Tengo sueño; Tengo miedo; Tengo prisa; Tengo suerte; Tengo dolor.

B

Empareja las descripciones con las ilustraciones. ¡Ojo! Hay una descripción que sobra.

a   b   c   d

1 Tiene los ojos negros y el pelo castaño. Lleva un jersey blanco y un casco negro. Tiene una bici amarilla.
2 Tiene los ojos azules y el pelo rubio. Lleva un jersey y un casco azul. Tiene una bici verde.
3 Tiene los ojos grises y el pelo pelirrojo. Lleva un jersey negro y un casco blanco. Tiene una bici negra.
4 Tiene los ojos verdes y el pelo moreno. Lleva un jersey amarillo y un casco verde. Tiene una bici roja.
5 Tiene los ojos verdes y el pelo pelirrojo. Lleva un jersey verde y un casco rojo. Tiene una bici azul.

Bienvenidos al Paraíso. Bueno, pues ¿qué necesitáis para ser perfectos?

a   b   c   d   e   f   g

Nombre de pila _____
Nombre de familia _____
Fecha de nacimiento _____
Ojos _____
Pelo _____

Felipe: Hombre de negocios – y padre

1

Escribe en letras los números de teléfono de los clientes de Felipe.

Ejemplo: **a** *trescientos setenta y cinco, veinte, cuarenta y cinco*

PORCELANESA a
Avda. Ramón y Cajal, 220
15005 A Coruña
Telf. 375 20 45

Sr. Jesús Soria b
Director de Finanzas
BODAMODA

Avda. Orillamar, 46   Lista de bodas
Apartado 393   Vestidos
36204 VIGO   Chaqués
Telf. 732 88 55   Trajes

Transportes Nadal c

Nave Industrial No. 23
Polígono Industrial San Cristóbal
8709 Valladolid
Telf. 450 15 77

Agencia Fincanorte d

Travessera des Corts, 9
08028 Barcelona
Telf. 888 39 84

REATUR S.A. e

C/. Castelao, 11-1o
32660 Allariz
Telf. y Fax: 570 25 34

100	ciento/cien*
101	ciento uno
102	ciento dos
103	ciento tres
104	ciento cuatro
105	ciento cinco
106	ciento seis
107	ciento siete
108	ciento ocho
109	ciento nueve
110	ciento diez
120	ciento veinte
130	ciento treinta
140	ciento cuarenta
150	ciento cincuenta
160	ciento sesenta
170	ciento setenta
180	ciento ochenta
190	ciento noventa
200	doscientos(as)
300	trescientos(as)
400	cuatrocientos(as)
500	quinientos(as)
600	seiscientos(as)
700	setecientos(as)
800	ochocientos(as)
900	novecientos(as)
1.000	mil
10.000	diez mil
100.000	cien mil
1.000.000	un millón

*Mira página 55, Gramática

2

Trabaja con tu pareja. Tú dices los números de teléfono y tu pareja los escribe sin mirar el libro.

a
873 22 54	621 12 48
737 17 93	998 73 80

b
662 34 25	710 15 50
822 60 22	123 72 93

Gramática

Números

The word for 100 is *ciento*.

ciento sesenta – 160
doscientos – 200

When *ciento* is used with a noun, it must agree with that noun, i.e. it must be **plural** and **masculine** or **feminine** to match the noun.

*doscient**as** peset**as*** – 200 pesetas
*doscient**os** hombre**s*** – 200 men

Ciento is shortened to *cien* in the following cases:
● before a noun

cien hombres – 100 men
cien pesetas – 100 pesetas

● when it is followed by another number which it multiplies.

cien mil pesetas – 100,000 pesetas

For thousands, use the following patterns:
For 'a thousand', use **mil**.

mil pesetas   mil años.

For 'thousands of …' use *miles de.*

miles de amigas, miles de tareas

Ahora túrnate.

3

Empareja las velocidades con los versos.

*Ejemplo: **a** = Verso 1*

a

b

c

d

e

4

Empareja las bicicletas con los precios.

*Ejemplo: **1 d)***

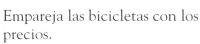

1 2

3 4

a) 23.678 ptas
b) 23.234 ptas
c) 22.520 ptas
d) 24.342 ptas
e) 23.700 ptas

5

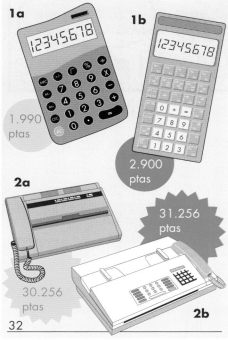

1a

1.990 ptas

1b

2.900 ptas

2a

31.256 ptas

30.256 ptas

2b

32

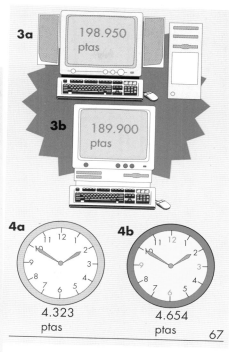

3a 198.950 ptas

3b 189.900 ptas

4a 4.323 ptas

4b 4.654 ptas

67

Escucha y elige las compras de la señora Ortega.

*Ejemplo: **1 a***

6

Empareja los precios en letra con cada jugador de fútbol.

30.500.000 ptas	50.230.000 ptas	10.735.000 ptas	40.350.000 ptas	26.180.000 ptas

*Ejemplo: **5 a)***

a) veintiséis millones ciento ochenta mil pesetas
b) cincuenta millones doscientas treinta mil pesetas
c) treinta millones quinientas mil pesetas
d) diez millones setecientas treinta y cinco mil pesetas
e) cuarenta millones trescientas cincuenta mil pesetas

Hoy Felipe está con una amiga en un bar. Hablan de Ana.

Yo quiero lo mejor para mi hija, claro, pero ella quiere muchas cosas y yo no puedo comprar todo esto.

Pero ¿qué quiere Ana exactamente?

Pues, Ana quiere siempre lo que tiene su amiga Maite. Por ejemplo, Maite va al cine, Ana quiere ir también, Maite tiene ropa nueva y Ana quiere esto también, pero yo no tengo dinero para todo eso. Siempre quiere salir, al teatro, a un concierto pop, al bar, a la discoteca, al restaurante y no tenemos dinero para todo esto.

Pero Felipe, eso es normal, las chicas siempre quieren lo que las otras chicas tienen.

Sí, lo sé, y me gustaría darle todo lo que quiere, pero de momento no tengo el dinero para comprar extras, solo puedo comprar lo esencial para vivir.

Mira, tengo una idea, yo necesito un canguro para vigilar a mis dos hijos dos veces a la semana y pago bien. Ana puede ser mi canguro y ganar algún dinero.

¡Es una idea fantástica! Voy a hablar con Ana.

7

Lee y escucha la conversación y mira las palabras en la casilla. Copia y completa la historia.¡Ojo! Hay cuatro palabras de sobra.

padre	tiene	tiene	tienes	**puede**	quiere	todo	problema
tienen	caro	canguro	puede	solución			idea

El **(a)** (*padre*) de Ana tiene un **(b)** _____. Su hija **(c)** _____ muchas cosas pero él no **(d)** _____ dinero. Maite, la amiga de Ana, **(e)** _____ muchas cosas porque sus padres **(f)** _____ dinero. Ana no **(g)** _____ ir al cine porque es **(h)** _____. La amiga de Felipe tiene una **(i)** _____. Puede ofrecer un trabajo a Ana como **(j)** _____.

Gramática

Poder and **querer** are two of the most important verbs you will learn in Spanish. With querer (see Unit 3 page 34) you can talk about what you want or don't want to do; with poder you can talk about things you can or can't do, or ask permission to do things.

poder	to be able
puedo	I can
puedes	you can
puede	he/she can/you (polite) can
podemos	we can
podéis	you (plural) can
pueden	they can/you (polite) can

¿Puedo telefonear a mi familia, por favor? Sí, claro, puedes.
Podemos ir juntos.   *Podéis salir a las ocho.*

The verb that follows 'poder' is always in the infinitive.

Remember that both querer and poder change the spelling of their *stem* (the main syllable) as well as making the usual changes in ending.

querer: the **u** changes to **ie**   poder: the **o** changes to **ue**

Verbs that follow this pattern are called 'radical-changing' verbs. There is more about these in Unit 6.

8

Rellena los espacios con la forma correcta del verbo 'poder'.

Ejemplo: **1** *pueden*

1 Miguel y Juanjo _____ hacer camping juntos.
2 Yo no _____ comer carne. Soy vegetariano.
3 Oye, Rafa, ¿ _____ pasar la aspiradora, por favor?
4 ¿Por qué no salimos esta tarde? _____ ir al cine.
5 Juanjo no _____ comer ensalada.
6 Oye, Miguel, tú y Carmen _____ salir juntos, ¿no?

9

Felipe encuentra una página de la agenda de Ana. ¿Qué dice?
Empareja las frases de las dos columnas. ¡Ojo! Hay una frase de sobra.

Ejemplo: **1 c)**

1 lunes
Quiero ir al cine hoy a las siete

2 martes
Hoy no puedo ir con Maite

3 miércoles
Mis amigas pueden ir a jugar al tenis

4 jueves
Quiero ir a la discoteca con Enrique

5 viernes
Maite y yo queremos ir de excursión con nuestros padres

6 sábado
Papá y yo queremos ir al restaurante

a) a la cafetería porque tengo muchos deberes.

b) pero papá dice que no puede bailar.

c) pero no puedo porque a las siete tengo que preparar la cena.

d) pero no podemos porque no tenemos dinero.

e) pero yo no puedo jugar – no tengo raqueta.

f) pero mi papá no puede porque está muy ocupado.

g) Maite hoy porque tengo mucha ropa que planchar.

10

Escucha la canción y empareja las frases de las dos columnas.

Ejemplo: **1 e)**

1 Quiero
2 No puedes
3 Tú no tienes
4 Quiero ver
5 No puedo hablar
6 No puede ir al cine

a) la tele.
b) tiempo.
c) conmigo.
d) oírme.
e) ir al cine.
f) con mi padre.

Mi casete personal

¿Quieres ir a ...?
¿Puedes invitar a tu compañero(a) a salir? ¿Puedes contestar?

Ejemplo: ¿Quieres ir al cine hoy?
No gracias, no puedo, tengo muchos deberes.
Sí gracias, quiero ir al cine hoy.
Sí gracias, puedo ir al cine hoy.

Para ayudarte

Vocabulario

bailar (v) – to dance
conmigo – with me
contigo – with you
de sobra – too many/too much
hacer de canguro – to babysit
jugar (ue) (v) – to play
lo mejor – the best
¡ojo! – careful!
raqueta (nf) – racquet

El diccionario

Hay doce palabras en la tabla.
Cada palabra está dividida en dos partes. Identifica las palabras.
Utiliza un diccionario.

deb	arar	ce	raq	gas	ne
ju	ami	ocu	cafe	ero	bai
tería	ci	lar	eres	na	gar
ueta	plan	prep	din	char	pado

Hoy Ana está en El Corte Inglés. Es el cumpleaños de su padre y quiere comprar un regalo para él.

Señorita, ¿cuánto cuesta esa corbata?

¿La de rayas azules?

Sí, ésa.

Vale 2.200 pesetas, señorita.

Sí, creo que le gustaría mucho a mi papá, la compro.

Ahora a la sección de discos. Me gustaría comprar un nuevo CD de mi grupo favorito – Los Lobos Rojos – pero ¡cuesta 1.550 pesetas!

LOS LOBOS ROJOS
1.550 ptas

¡Hola, Maite!

¿Qué tal, Ana? ¿Vas a comprar un CD?

No, éste cuesta demasiado. Me gustaría pero quisiera pagar menos. Pero mira esta corbata, es un regalo para mi padre.

Sí, es muy bonita. ¿Quieres ir a la sección de moda juvenil?

Sí, vamos.

Hoy es el cumpleaños de papá. Me gustaría comprarle algo bonito pero práctico también. Esta corbata amarilla es bonita, creo que le gustaría, pero cuesta 5.000 pesetas. Un poco cara para mí. Esa corbata también es bonita ... a ver cuánto cuesta.

11

Escucha el casete y mira los dibujos. Escribe los precios de los artículos.

Los Lobos Rojos CD
1

2

3

12

Escucha ahora a Ana y Maite en la sección de moda. Empareja los objetos y los precios.

1

2

3

4

5

6

a 9.500 pesetas

b 1.270 pesetas

c 4.230 pesetas

d 6.300 pesetas

e 4.320 pesetas

f 1.250 pesetas

13 ◯

Mira los dibujos. Tu pareja mira la lista de precios (página 81).
Pregunta cuánto cuestan las cosas y elige las que quieres comprar.
Tu pareja calcula el precio total.

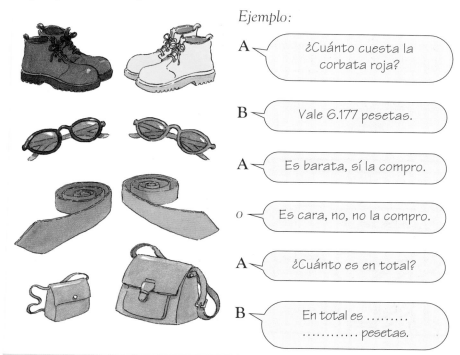

Ejemplo:

A ⟨ ¿Cuánto cuesta la corbata roja? ⟩

B ⟨ Vale 6.177 pesetas. ⟩

A ⟨ Es barata, sí la compro. ⟩

o ⟨ Es cara, no, no la compro. ⟩

A ⟨ ¿Cuánto es en total? ⟩

B ⟨ En total es .... pesetas. ⟩

Gramática

I would like ...: *quisiera* and *me gustaría*

Quisiera

Quisiera is part of the verb *querer* – 'to like'.

- To say 'I would like', 'he/she would like' or 'you (singular, formal) would like', use *quisiera*.
- To say 'you (singular, informal) would like', add an 's' – *quisieras*.

Me gustaría ...

gustaría comes from the verb *gustar*, which you already know. You need to add *me*, *te*, or *le* to say what someone would like:

me gustaría = I would like
te gustaría = you (singular, informal) would like
le gustaría = he/she/it/you (singular, formal) would like

These phrases can either be followed by a noun:

Me gustaría un helado.   *Quisiera un helado.*

or by a verb:

Me gustaría comer un helado.   *Quisiera comer un helado.*

Para ayudarte

Vocabulario

gastar (v) – to spend
juvenil (adj) – young/youth
moda (nf) – fashion
raya (nf) – stripe
regalo (nm) – present, gift
vestido (nm) – dress

14

Mira los dibujos del ejercicio 13. Tienes 30.000 pesetas para gastar. Escribe una lista de los regalos que te gustaría comprar con tu dinero.

Ejemplo: Me gustaría comprar las botas amarillas. Quisiera también la corbata roja.

En el café de El Corte Inglés

15

Escucha el casete y decide si hay o no hay. Escribe ✔ o ✘.

1 una coca-cola

5 un té

2 un café

6 un agua mineral

3 una tortilla

7 un bocadillo de jamón

4 un pastel

8 una ensaladilla rusa

Mi casete personal

Me gustaría comprar ...

Añade en tu casete los cinco discos que te gustaría o no te gustaría comprar hoy y por qué.

Ejemplo: Hoy me gustaría comprar el nuevo disco de Los Lobos Rojos porque es fenomenal.
Hoy no me gustaría comprar el disco de Julio Iglesias porque es muy aburrido.

Gramática

Negatives

- To make a statement negative, add *no* in front of the verb.

  Ana escribe a su tía.   *Ana **no** escribe a su tía.*
  Entiendo.   ***No** entiendo.*

- To say nothing, nobody, never, you need *no* in front of the verb, plus another negative word after it.

  nada = nothing/not anything   **No** veo **nada**.
  nadie = no one/nobody   **No** hay **nadie** en el piso.
  nunca = never   **No** voy **nunca** al cine.
  ni ... ni = neither ... nor,   **No** me gusta **ni** lavar los platos **ni**
         not .... either   arreglar mi dormitorio.

- *Nunca* can come before the verb, in which case you don't use *no*.

  ***Nunca** veo la televisión.*

- When 'nobody' or 'nothing' is the subject, *nadie* or *nada* goes in front of the verb, and you don't use *no*.

  ***Nadie** sabe que estás aquí.*

16

Copia y completa las frases con los negativos de la casilla.

1 Marisol _____ puede ver la televisión hoy, tiene mucho trabajo.
2 Pedro _____ tiene demasiado trabajo – está en paro.
3 El camarero _____ tiene _____ bocadillos _____ café. No tiene _____ en el bar.
4 _____ va al cine cuando hay fiesta.

no	no	nunca	nada	nadie	ni...	ni

17

Trabaja con tu pareja. Mira el menú de la cafetería Delicioso. Con tu pareja haz un diálogo en la cafetería Delicioso.

Ejemplo:

A ¿Qué quieres?

B No quiero setas y no como nunca carne. Quisiera una ración de almendras.

Café Delicioso

Hoy de tapas tenemos aceitunas

chorizo

tortilla española

albóndigas

ensaladilla rusa

almendras

jamón serrano

setas

18

Lee la carta de Ana a su tía Eduarda. Elige la forma adecuada de 'poder' o 'querer'. Escribe la carta completa.

Querida tía Eduarda:
Hoy yo quiero/quieres escribirte una carta porque podemos/puedo darte una buena noticia.
  Sabes que mi amiga Maite y yo siempre queréis/queremos salir y yo nunca podemos/puedo porque papá no puedes/puede o no quiero/quiere darme dinero para mis gastos. Pues ahora las cosas podemos/pueden cambiar porque una amiga de papá pueden/puede darme un trabajo como canguro. Ella quieres/quiere pagarme bien por esto. Estoy muy contenta, sus hijos son muy simpáticos, si tú quiere/quieres te mando una foto.
Te escribo la semana próxima.
Besos.
  Ana.

Para ayudarte

Vocabulario
almendra (nf) – almond
aquí viene – here he comes
ensaladilla (nf) rusa (adj) – Russian salad (mixed vegetables in mayonnaise)
huevo (nm) – egg
mayonesa (nf) – mayonnaise
por fin (adv) – finally
¡qué fastidio! – what a nuisance!
queso (nm) – cheese

Café del Mar

Tapas

queso	120 ptas
jamón serrano	225 ptas
tortilla española	140 ptas
chorizo	100 ptas
ensaladilla rusa	115 ptas
almendras	130 ptas
aceitunas	90 ptas

Bebidas

cerveza	110 ptas
vino	140 ptas
agua mineral	140 ptas
coca-cola/fanta	80 ptas

20

Mira las cuentas y la lista de tapas. Decide si los totales son correctos o no.

1

coca-cola
almendras
jamón serrano
Total 250 ptas

2

cerveza
aceitunas
tortilla española
Total 340 ptas

3

fanta
almendras
chorizo
Total 410 ptas

19

Mira lo que beben y comen Manuel, Carmen, Juan y Teresa. Mira la lista de tapas. ¿Cuánto debe pagar cada persona?

Manuel

Carmen

Juan

Teresa

21 💬

Trabaja con tu pareja. Estáis en el café del Mar. La cuenta no es correcta. Haz un diálogo.

Ejemplo:

A — ¡Oiga camarero! Hay un error en la cuenta.

B — ¿Un error? A ver … queso y fanta …

A — Sí, son 200 pesetas, no 220.

B — Sí, es verdad.

22 ✒️

Ana tiene que hacer la compra. Escribe una lista para ella.

Para ayudarte

Vocabulario

cuenta (nf) – bill
error (nm) – error
hacer la compra – to do the shopping
jamón (nm) serrano (adj) – dried cured ham
mejillón (nm) – mussel
tapas (nfpl) – snacks

Mi casete personal 🎤

En el café

Tú eres el cliente – ¿qué dices? Graba las frases que convengan en tu casete personal.

1

2

3

4

5

6

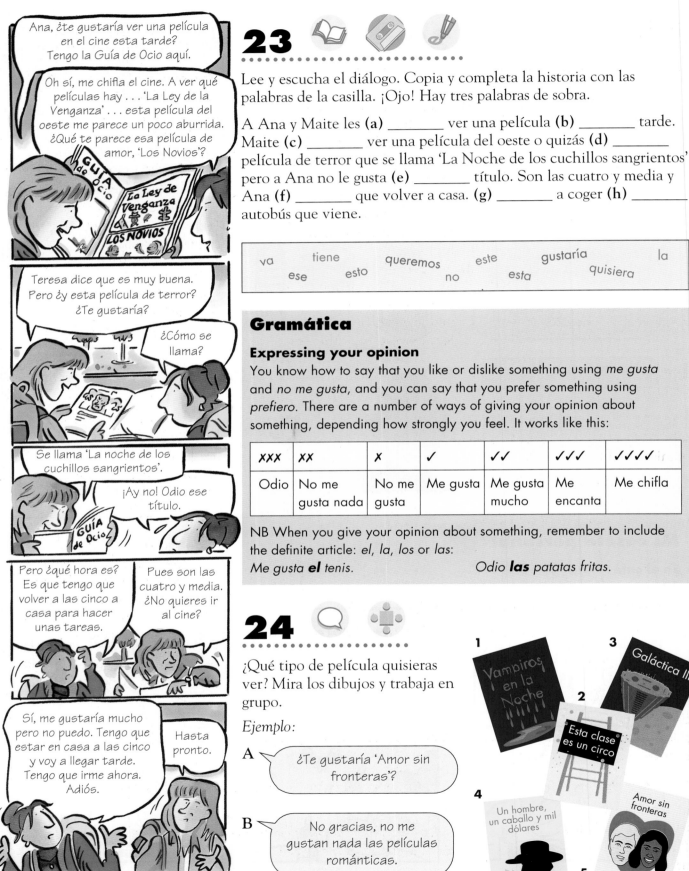

Comic speech bubbles:

Ana, ¿te gustaría ver una película en el cine esta tarde? Tengo la Guía de Ocio aquí.

Oh sí, me chifla el cine. A ver qué películas hay . . . 'La Ley de la Venganza' . . . esta película del oeste me parece un poco aburrida. ¿Qué te parece esa película de amor, 'Los Novios'?

Teresa dice que es muy buena. Pero ¿y esta película de terror? ¿Te gustaría?

¿Cómo se llama?

Se llama 'La noche de los cuchillos sangrientos'.

¡Ay no! Odio ese título.

Pero ¿qué hora es? Es que tengo que volver a las cinco a casa para hacer unas tareas.

Pues son las cuatro y media. ¿No quieres ir al cine?

Sí, me gustaría mucho pero no puedo. Tengo que estar en casa a las cinco y voy a llegar tarde. Tengo que irme ahora. Adiós.

Hasta pronto.

23

Lee y escucha el diálogo. Copia y completa la historia con las palabras de la casilla. ¡Ojo! Hay tres palabras de sobra.

A Ana y Maite les **(a)** _____ ver una película **(b)** _____ tarde. Maite **(c)** _____ ver una película del oeste o quizás **(d)** _____ película de terror que se llama 'La Noche de los cuchillos sangrientos' pero a Ana no le gusta **(e)** _____ título. Son las cuatro y media y Ana **(f)** _____ que volver a casa. **(g)** _____ a coger **(h)** _____ autobús que viene.

va	tiene	queremos	este	gustaría	la
	ese	esto	no	esta	quisiera

Gramática

Expressing your opinion

You know how to say that you like or dislike something using *me gusta* and *no me gusta*, and you can say that you prefer something using *prefiero*. There are a number of ways of giving your opinion about something, depending how strongly you feel. It works like this:

XXX	XX	X	✓	✓✓	✓✓✓	✓✓✓✓
Odio	No me gusta nada	No me gusta	Me gusta	Me gusta mucho	Me encanta	Me chifla

NB When you give your opinion about something, remember to include the definite article: *el, la, los* or *las*:

*Me gusta **el** tenis.*   *Odio **las** patatas fritas.*

24

¿Qué tipo de película quisieras ver? Mira los dibujos y trabaja en grupo.

Ejemplo:

A ¿Te gustaría 'Amor sin fronteras'?

B No gracias, no me gustan nada las películas románticas.

1 Vampiros en la Noche

2 Esta clase es un circo

3 Galáctica III

4 Un hombre, un caballo y mil dólares

5 Amor sin fronteras

25

Empareja los títulos de las películas y las descripciones.

1 *Amor, Amor*

2 FRANKENSTEIN

3 **Viaje a Plutón II**

4 **Río Grande**

5 *La Familia Accidente*

a) una película de risa muy agradable – la historia de una familia con problemas.

b) una película de miedo, de mónstruos horribles con vampiros también.

c) una película del oeste americano con soldados americanos e indios.

d) una película de amor – la historia de una pareja de 70 años aún muy enamorada.

e) una película de fantasía con extraterrestres y cohetes.

26

Mira el ejemplo y escribe tu opinión sobre dos películas. Utiliza la tabla de opiniones en la página 76.

Ejemplos: Me encanta la película 'Romeo y Julieta'.
No me gusta nada 'Romeo y Julieta'.

27

Escucha y empareja las melodías con los tipos de películas.

a) terror   b) amor   c) dramática   d) del oeste   e) dibujos animados

28

Escucha el programa en la radio. ¿De qué tipo de película habla? Escribe la letra que convenga.

Ejemplo: 1 d)

a) romántica
b) de ciencia-ficción
c) del oeste
d) cómica
e) de terror

Para ayudarte

Vocabulario

cohete (nm) – rocket
corazón (nm) – heart
cuchillo (nm) – knife
dar miedo – to frighten
dibujos animados (nmpl) – cartoon
enamorado (adj) – in love
guía (nf) – guide
hasta pronto – see you soon
ley (nf) – law
morir (ue) (v) – to die
noche (nf) – night
novio (nm) – fiancé/boyfriend
novia (nf) – fiancée/girlfriend
ocio (nm) – leisure time (La Guía de Ocio – 'What's On' guide)
pareja (nf) – couple
película (nf) – film
perdido (adj) – lost
programa (nm) – (TV or radio) programme
sangre (nf) – blood
sangriento (adj) – bloody
venganza (nf) – vengeance

El diccionario

Busca las palabras españolas por:

boring   exciting   amusing
terrific   marvellous   fantastic
awful   horrible   pleasant
brilliant   terrible

Describe un programa o una película que te gusta, y un programa o una película que no te gusta.

Mi casete personal

Me gusta ...
¿Qué tipo de película te gusta? Graba tus opiniones.

Ejemplo:
Me gustaría ver Frankenstein porque adoro las películas de terror.
No me gustaría ver Frankenstein porque no me gusta la violencia.

Felipe está en el salón con una cliente, Adela. No está muy contento porque todo está totalmente en desorden en la casa.

Buenas tardes señora, hola papá.

Ana, ¿sabes la hora que es? Son las seis. Es muy tarde.

Perdona papá, voy a arreglar todo rápidamente.

Sí, lo sé. Pero es que no hay muchos autobuses para volver a casa.

Bueno, bueno, ya es demasiado tarde. Puedes estudiar en tu dormitorio ahora.

Estoy muy enojado, todo está totalmente en desorden y sucio. No hay ni una taza limpia para servirle el café a Adela.

No es realmente importante, Felipe. Está bien, no quiero café, de verdad.

29

Empareja las frases de las dos columnas.

1 Felipe no está muy contento.
2 La casa está realmente sucia.
3 Es realmente importante.
4 Hay que limpiar las tazas.
5 Es demasiado tarde.

a) Ana necesita urgentemente limpiar la casa.
b) Es un gran problema.
c) No hay tiempo.
d) Está bastante enojado.
e) Las tazas están sucias.

Gramática

Adverbs

These are words which add detail to the verb or adjective they go with.

Habla rápidamente.

To form an adverb in Spanish, the usual pattern is to take the adjective and add *-mente* at the end.

terrible – terriblemente

Sometimes the spelling changes slightly:
rápido – rápidamente: the 'o' is replaced by 'a'

However, there are some very useful common adverbs which do not end in '-mente'. You already know some:

muy – very
poco – little
demasiado – too (too much/too little/too stupid. It does not mean 'also'.)
bastante – quite (good, interesting)
más – more
menos – less
nunca – never

Here are some more which are useful for saying when or how often something happens:

a menudo – often
a veces – sometimes
ahora – now
siempre – always
tarde – late

30

Escoge el adverbio correcto para cada frase. ¡Ojo! Hay dos palabras de sobra.

Ejemplo: 1 rápidamente

1 Ana corre _____ para llegar a casa.
2 Ana llega _____ a casa.
3 Su padre está _____ enojado.
4 Felipe dice que Ana _____ limpia la casa.
5 Felipe dice que es _____ tarde.
6 Ana puede estudiar _____ .

ahora   tarde   muy
rápidamente   demasiado
lentamente   nunca   tristemente

31   *Una carta a una revista*

Lee la carta de Ana. Decide si las frases de abajo son verdaderas o falsas. Escribe V o F.

1 Ana está muy contenta.
2 Su padre nunca se enfada con ella.
3 Su padre es muy paciente.
4 Ana no puede hablar con nadie.
5 Ana tiene verdaderamente mucho que hacer.
6 Necesita rápidamente una contestación.

32

Trabaja con tu pareja. Utiliza la lista de adverbios del ejercicio 30 y la 'lista de acusaciones'.
A es el padre/la madre y B es el hijo/la hija. Haz una conversación.

Ejemplo:

A — Siempre vienes tarde a casa.

B — No es verdad, es que no hay autobuses.

Lista de acusaciones
hablar con las amigas
gastar dinero
escuchar música horrible
comprar cosas inútiles
llegar tarde al colegio
no hacer mucho en casa

33

Mira la carta de Ana del ejercicio 31. Tú también escribes una carta a Amanda para describir tus problemas con tu familia. Utiliza estos adverbios.

completamente   normalmente
realmente   urgentemente
probablemente   ciertamente

34

Completa las frases de abajo con la forma adecuada de 'ser'/'estar'.

1 Felipe _____ con su cliente.
2 Los dos _____ en el salón.
3 Felipe _____ muy enojado porque Ana _____ irresponsable.
4 _____ muy tarde y Ana no _____ en casa todavía.
5 Nosotros, los jóvenes, _____ muy responsables pero los padres no _____ de acuerdo.

Querida Tía Amanda:

Te escribo hoy porque necesito rápidamente unos consejos. Tengo un padre que siempre se queja de mi trabajo y de mí. Lo que hago no es nunca bastante para él. Soy realmente muy infeliz. Mi padre no entiende nada. Estoy completamente desesperada. Mi padre constantemente dice que tengo que hacer mis deberes para poder hacer las tareas domésticas. Normalmente las chicas de mi edad no tienen tanto que hacer. Escríbeme urgentemente.

Ana

35

LUIS

Luis es un chico de 16 años. Siempre es muy responsable. Se levanta pronto por la mañana. Va al colegio y siempre hace todos sus deberes excelentemente. A menudo ayuda a su madre con las tareas domésticas y ayuda también a su padre con el jardín y con el coche. Lava el coche cada semana. Es un hijo casi perfecto.

JUAN

Juan también tiene 16 años. Siempre se levanta muy tarde. No le gusta nada el colegio y pocas veces estudia, nunca hace sus deberes. Prefiere mirar constantemente la televisión. Raramente lee un periódico y nunca lee una novela. Egoístamente come todo lo que hay en la nevera y no deja nada para nadie. Es bastante horrible y sus padres a menudo se enfadan con él.

Lee las frases y decide de quién habla – ¿de Luis o de Juan?

Ejemplo: No le gusta el colegio. = Juan

1 No lee ninguna novela.
2 Siempre hace sus deberes.
3 Es un chico responsable.
4 Es muy egocéntrico.
5 Sus padres no están contentos con él.
6 Ayuda a su madre.
7 Lava el coche regularmente.

Para ayudarte

Vocabulario
contestación (nf) – reply
en desorden (adj) – untidy
enfadarse (v) – to get annoyed
enojado (adj) – annoyed, angry
joven (nmf) – young person
nevera (f) – fridge
quejarse (v) – to complain
todavía (adv) – still
volver (ue) (v) – to come back

Cómo aprender el vocabulario
When you learn some new words, try writing them out with all the vowels missing. Next day, see if you can write them out again in full. What are the words below?

d–m–s––d–   t–d–v––   –n–j–d–
v–lv–r   j–v–n

36   *Poema*

Lee el poema de Ana y completa las frases.

1 Mis amigas pueden _____
2 Mis amigas pueden _____
3 Mis amigas pueden _____
    Pero yo …
4 No _____ con mi padre.
5 No _____ con mi padre.
6 No _____ con mi padre.
    Mi padre no tiene _____

Mis amigas salen con sus padres.
Quiero salir con mi padre.
No puedo salir con mi padre.
No puede salir conmigo.
No tiene tiempo.

Mis amigas hablan con sus padres.
Quiero hablar con mi padre.
No puedo hablar con mi padre.
No puede hablar conmigo.
No tiene tiempo.

Mis amigas van al cine con sus padres.
Quiero ir al cine con mi padre.
No puedo ir al cine con mi padre.
No puede ir al cine conmigo.
No tiene tiempo.

Papá, ¿quieres salir conmigo?
Papá, ¿quieres hablar conmigo?
Papá, ¿quieres ir al cine conmigo?
Papá, ¿tienes tiempo?
Papá, ¿me quieres?

Ya lo sé

A Un póster

Diseña un póster para una película de cine con el tipo de película, las fechas, el horario y el precio de las entradas para adultos y niños.

B Un diálogo 'rap'

Prepara un diálogo 'rap' entre Felipe y Ana. Puedes acompañarlo con una melodía y grabarlo en tu casete.

C Un menú

Diseña un menú para un bar o una cafetería con las bebidas y tapas, y los precios. Utiliza un diccionario si es necesario.

D Una descripción de una persona famosa

Escoge dos personas famosas, un hombre y una mujer. Corta una foto de una revista.

1 Debajo de la foto, escribe una lista de 10 regalos para cada persona, para el cumpleaños.
2 Ahora, imagina que el hombre y la mujer se van a casar. Escribe una lista de 5 regalos de boda para el matrimonio.

E Agendas

Lee las agendas. ¿De quién es cada agenda?

Cristóbal Colón   Florence Nightingale   Napoleón   Juana de Arco   Nerón

1
febrero 1812
Los soldados quieren volver a Francia, pero no pueden. Quiero ir a Moscú.

2
enero 1855
Quiero volver a Inglaterra pero no puedo. Hay mucho trabajo aquí en el hospital.

3
diciembre 1492
Queremos volver a España pero no podemos. Tenemos que descubrir el Nuevo Mundo.

4
AC 64
Quiero salir del palacio pero no puedo. Hay un incendio muy grande en la ciudad de Roma. Voy a tocar el violín.

5
mayo 1429
El rey quiere salvar la ciudad de Orléans pero no puede. Voy a luchar contra los ingleses.

F Las comidas

¿Qué comes durante el día? Haz tres columnas en tu cuaderno. En cada columna, escribe lo que comes y bebes.

Ejemplo:

el desayuno	el almuerzo	la cena
el café	la sopa	la ensalada

Utiliza un diccionario si es necesario.

Para el ejercicio 13 (ver página 71)
Lista de precios
Ayuda a tu pareja (ejercicio 13). Di los precios de los artículos.
bolso grande marrón: 6.320 pesetas
bolso pequeño marrón: 3.150 pesetas
corbata azul: 3.750 pesetas
corbata roja: 6.177 pesetas
gafas de sol rojas: 4.280 pesetas
gafas de sol negras: 5.670 pesetas
botas negras: 8.230 pesetas
botas amarillas: 10.555 pesetas

Esteban: ¡Tengo mucho tiempo libre!

¡Qué vida!

Duermo hasta mediodía . . .

. . . empiezo con el café con leche . . .

. . . juego al fútbol por la tarde . . .

. . . vuelvo a casa . . .

. . . cierro la puerta, enciendo la luz, y eso es.

Toco la guitarra, después duermo otra vez. Prefiero trabajar, pero no encuentro trabajo. No tengo dinero, y cuesta mucho vivir. ¿Qué voy a hacer?

1

Lee y escucha el texto. Copia las frases y rellena los huecos. ¿Qué piensa Esteban?

1 _____ hasta mediodía.
2 _____ con el café con leche.
3 _____ al fútbol.
4 _____ a casa.
5 _____ la puerta.
6 _____ la luz.
7 _____ trabajar.
8 No _____ trabajo.
9 _____ mucho vivir.

Gramática

The verbs you have practised in exercise 1 have something in common, even though some are *-ar* verbs, some *-er* and some *-ir*. They are called radical-changing verbs, because the spelling of the main part or stem changes, as well as the endings. You already know *poder* (*puedo*) and *querer* (*quiero*) but there are four kinds of spelling change.

e changes to **ie** – p**e**nsar, p**ie**nso; qu**e**rer, qu**ie**ro
o changes to **ue** – p**o**der, p**ue**do
u changes to **ue** – j**u**gar, j**ue**go
e changes to **i** – p**e**dir, p**i**do (a much smaller group)

You will always be able to identify a radical-changing verb in the vocabulary or in some dictionaries, because it will have the spelling change in brackets after the infinitive:

pensar (ie) – to think; volver (ue) – to return; dormir (ue) – to sleep.

2

Lee la descripción de la rutina diaria de Esteban, y empareja las frases con las horas.

*Ejemplo: 12.00 – **g**)*

a) Juega al fútbol a las dos y media.
b) Cierra la puerta a las siete menos veinticinco.
c) Duerme otra vez a la una.
d) Enciende la luz a las ocho y veinte.
e) Vuelve a casa a las seis y diez.
f) Empieza con el café con leche a las doce y cuarto.
g) Duerme hasta mediodía.

12.00   12.15   2.30   6.10   6.35   8.20   1.00

3

Escribe unas frases sobre tu rutina diaria. Apunta la hora y lo que haces.

Ejemplo:

> Los lunes duermo hasta las siete. Tomo el desayuno a las siete y media. Salgo de casa a las ocho y cuarto. Llego al cole a las nueve menos diez.

4

Escucha el casete. Es un programa en la radio. Empareja los jóvenes con las opiniones.

Ejemplo: Iñaki – fenomenal

| Iñaki   Merche |
| Inma |
| Raúl |
| Mikel |
| Encarna |

| horrible |
| aburrida |
| fenomenal |
| no está mal |

Mi casete personal

Mi rutina diaria 1

Graba unas frases sobre tu rutina diaria. Puedes utilizar las frases del ejercicio 3. Mira el ejemplo del ejercicio 3, y escribe las frases antes de grabarlas.

5 *Poema*

Lee el poema y pon los dibujos en el orden correcto.

a   b   c
d   e   f
g   h   i

En paro

Estoy en paro, y la vida es fatal.
No tengo dinero, no hay nada especial.
Duermo todo el día, ¡ay, qué maravilla!
No puedo ir al cine ni salir en pandilla.
Los fines de semana juego al fútbol.
O paseo por el parque cuando hace sol.
Vuelvo a mi casa, no hay nada que hacer.
Después cierro la puerta, tomo algo de beber.
Siempre estoy solo, me gustaría charlar.
O a la discoteca me encantaría bailar.
No tengo dinero, ni amigos, ni animal.
Estoy en paro, y la vida es fatal.

Para ayudarte

Vocabulario

animal (nm) – pet, animal
cerrar (ie) (v) – to close
charlar (v) – to chat
diario (adv) – daily
dormir (ue) (v) – to sleep
empezar (ie) (v) – to begin
en paro – unemployed
encender (ie) (v) – to switch on
me encantaría … – I would love …
    [from encantar (v)]
parque (nm) – park
pasear (v) – to go for a stroll
pon – put [singular, informal
    imperative, from poner (v) – to put]
rutina (nf) – routine
salir (v) en pandilla (nf) – to go out
    with a group of friends
solo (adj) – alone
vida (nf) – life
volver (ue) (v) – to return

6

Lee y escucha el diálogo. Mira los símbolos. ¿Quién habla? Apunta S (Suso) o E (Esteban).

Ejemplo: **1 E**

1 ¡Mira las nubes!

2 Hace frío.

3 Está lloviendo.

4 Hace calor.

5 Hace sol.

6 Hace viento.

Gramática

Using *hacer* to describe the weather

Hacer usually means 'to do' or 'to make'. It is slightly irregular in the first person – *hago* – 'I do', 'I make' (*Hago mis deberes* – I do my homework), otherwise it behaves like a normal, regular *-er* verb. (Look back at page 34 in Unit 3 to revise *hacer*.)

The third person singular, *hace*, is used in phrases to describe the weather.

hace sol	it is sunny
hace frío	it is cold
hace calor	it is hot
hace viento	it is windy
hace buen tiempo	the weather is nice
hace mal tiempo	the weather is bad

Describing what is happening – the present tense

The present tense of a verb tells us what is happening, or what usually happens.

Tomo *el desayuno a las ocho.* I have breakfast at 8 o'clock (every day).

To say what you are doing at this very moment, you use the present continuous tense. For this tense, *estar* is used with the 'gerund' form of the relevant verb.

-ar verbs: replace the **ar** of the infinitive, with **ando.**

*habl***ar**   *habl***ando** ('speaking')

-er and *-ir* verbs: replace the **er** or the **ir** with **iendo.**

*com***er**   *com***iendo** ('eating')
*escrib***ir**   *escrib***iendo** ('writing')

Revise the present tense of *estar* (see page 26 in Unit 2) and you will be able to form the present continuous tense of any verb.

Estoy comiendo un bocadillo.   I am eating a sandwich.
Está trabajando en el ordenador.   He/she is working on the computer.

How many present continuous verbs can you find in the dialogue?

7

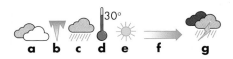

Lee el pronóstico del tiempo y empareja el texto con los símbolos.

Ejemplo: Alicante = e

a   b   c   d   e   f   g

Alicante – sol
Ávila – frío
Barcelona – niebla
Granada – calor
La Coruña – viento, lluvia
Madrid – nublado, más tarde sol
Oviedo – lluvia
Pamplona – calor
Salamanca – viento
Sevilla – sol, calor

8

Escucha el pronóstico del tiempo en la radio. Cada grupo apunta el tiempo que hace en una región solamente.

Mi casete personal

Un pronóstico

Lee otra vez el ejercicio 8. Prepara un pronóstico del tiempo para la radio. Grábalo en tu casete personal.

Ejemplo: En Madrid está nublado.

9

Escucha el casete. Empareja las conversaciones con las ilustraciones.

Ejemplo: 1 d

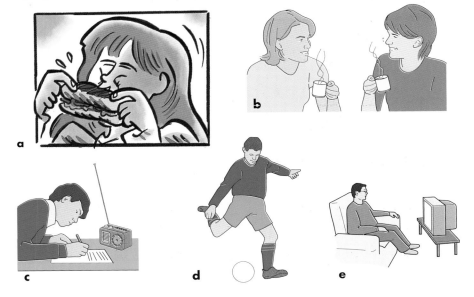

Para ayudarte

Vocabulario

equipo (nm) – team
esperar (v) – to wait (for)
nadar (v) – to swim
niebla (nf) – fog
perder (ie) (v) – to lose
pronóstico del tiempo (nm) –
    weather forecast/bulletin
tiritar (v) – to shiver
tonto (adj) – stupid, silly
tormenta (nf) – storm
vámonos – let's go

Cómo aprender el vocabulario

Try recording new words on a cassette. After each word, leave a gap, then record its English meaning. Play the tape back, and try to say the English word before you hear it.

10

Mira las ilustraciones del ejercicio 9 otra vez. Túrnate.

Ejemplo:

A — ¿Qué estás haciendo?

B — Estoy escuchando la radio.

A — ¿Dibujo **c**?

B — Sí.

11

Escribe la agenda de Esteban para el lunes.

12

Lee y escucha el diálogo. Empareja las frases con los dibujos.

Ejemplo: **1 f**

1 los dibujos animados
2 los concursos
3 las series policíacas
4 las noticias
5 los documentales
6 los programas de deportes
7 la ciencia-ficción

 a
 b
 c
 d
 e
 f
 g

Gramática

When to use subject pronouns

In general, in Spanish you can tell who is being talked about by the verb ending. For example, when you say *prefiero* or *tengo* people know you are talking about yourself because of the *-o* ending. So subject pronouns – the words for 'I', 'you', 'he', 'she', etc. – are not used very often. However, subject pronouns are used when the verb ending wouldn't be enough to make it clear who is being talked about.

Él *es español, pero* **él** *es mejicano.*

He is Spanish but **he** (someone else) is Mexican.

The pronouns are sometimes used to emphasise a point or make a contrast.

Yo *prefiero las telenovelas, pero* **tú** *prefieres los programas de deportes.*

Para ayudarte

Vocabulario

antena (nf) parabólica (adj) – satellite dish
canal (nm) – TV channel
divertido (adj) – funny
emisión (nf) – broadcast
emocionante (adj) – exciting
inútil (adj) – useless
se pone ... = it's on ... (TV programme or film)
tipo (nm) – type, sort

13

Copia los globos y rellena los huecos.

...... soy español, pero
...... es inglés.

1

...... quiero ver deportes, pero
...... prefieres las películas de
ciencia-ficción.

2

...... queremos ir a la piscina, pero
...... queréis ir al cine.

3

...... quiere ir
a la bolera,
pero ......
quiere ir al
restaurante.

4

...... quieren ir
a la playa, pero
...... quieren ir
al parque.

5

14

Escribe tres o cuatro frases sobre los programas que te gustan, y los que no te gustan. Utiliza las frases y las palabras de las casillas.

Me gustan	No me gustan
Me encantan	Odio

las series policíacas
las telenovelas   los documentales
las noticias   las películas
los dibujos animados
los concursos
los programas de deportes

porque son

interesantes   aburridos   aburridas
emocionantes   divertidos
divertidas   fatales   fenomenales
inútiles   ridículos   ridículas

Ejemplo: Odio las telenovelas porque son ridículas.

DOMINGO 1 marzo

TVE1

06.00 Astrid Lindgren para los niños

07.00 ☒ Guillermo Tell
- «Denegación».
- «La celada».

08.00 ☒ ¡Domingo fiesta!
Incluye: «El retorno de D'Artacan», «Viento», «Dog Tracer», «Pinky y cerebro», «Flash Gordon».

11.00 Ⓡ La llamada de la suerte

14.00 Cartelera TVE
Entrevistas y reportajes con los protagonistas de los últimos estrenos en las pantallas de nuestros cines.

14.30 Corazón, corazón
Presentadora: Cristina García Ramos.
Programa en el que los protagonistas son los mismos que ocupan las revistas del corazón.

15.00 ☺ Telediario-1

15.35 Sesión de tarde
▥ (Título no facilitado)

18.00 Cine de oro
▥ (Título no facilitado)

20.15 Waku–Waku (Concurso)
Presentadora: Núria Roca.
Invitados: Paula Vázquez, Joaquín Kremel, Carmen Morales y Juan Tamarit.

Carmen Morales

Los invitados intentarán contestar a diversas preguntas sobre los animales, su hábitat y su modo de vida, después de ver unas imágenes alusivas a las cuestiones formuladas.

21.00 ☺ Telediario-2
Presentadores: Pedro Sánchez Quintana y Ana Blanco.

21.30 ☺ Sólo goles
Presentador: Matías Prats.
Selección de los mejores goles de la jornada de Liga.

22.00 La película de la semana
▥ (Título no facilitado)

24.00 Especial cine
▥ (Título no facilitado)

01.30 Sombras de Nueva York
«Religiones satánicas».
J. C. y Eddie descubren el lado siniestro del ocultismo cuando una secta es investigada tras el asesinato de uno de sus miembros. Los primeros sospechosos son el líder del culto y la celosa amante de la víctima, pero el caso da un quiebro inesperado cuando J. C. descubre una importante operación de tráfico de heroína camuflada en artículos de culto.

02.15 ☺ Noticias

02.20 Cine de madrugada
▥ (Título no facilitado)

La 2

06.00 ☺ Euronews

06.45 That's English

07.30 U. N. E. D.

08.00 Concierto

08.45 Tiempo de creer

09.00 Documental

09.30 Ⓡ Pueblo de Dios

10.00 Últimas preguntas

10.25 Testimonio

10.30 El día del Señor

11.30 ☺ Estadio-2
Presentadora: Montserrat Falfegó.
• Atletismo: Campeonato de Europa pista cubierta. Sesión matinal. Desde el Palacio Luis Puig (Valencia).
• Atletismo: Campeonato de Europa pista cubierta. Sesión de tarde.
• 11.45h Fútbol Sala: Liga. Desde el Pabellón Ciudad de Castellón. Playas Castellón–Yumas Valencia.
• Zona ACB.
• Fútbol Sala (Reportaje)

20.00 Tocao del ala
«La vida es sueño»
Teresa se ha ido a Madrid para ver la academia y acabar de tomar una decisión sobre su futuro familiar y profesional.

20.30 Línea 900

21.00 Documental

21.30 Índico
«Java, Bali, Celebes»
Java, Bali y Celebes, las islas han permanecido en cierta manera aisladas en sus ancestros y costumbres, aflorando como su volcán no sólo como metáfora de cara al turismo.

22.30 ☺ Estudio estadio

00.15 El cine de la 2 (D)
▥ «ALEGRIAS DE UN VIUDO» ★★★
Comedia
(Ver páginas de películas)

01.50 Cine club. Ciclo: cine español I
▥ «NOSOTROS EN PARTICULAR» ★★
Comedia
(Ver páginas de películas)

03.20 Cine club. Ciclo: cine español II
▥ «LA MEMORIA DEL AGUA» ★★
Drama
(Ver páginas de películas)
(Sólo para Catalunya):

10.30 Missa

11.15 Santuaris Catalunya

20.00 Tocat de l'ala

22.30 ☺ Gol nord

23.30 ☺ Estudio estadio

01.15 Alatul

TELE 5

06.30 ☒ Viaje al centro de la tierra

07.00 ☒ Las aventuras de Silvia

07.30 ☒ Dos en el aire

07.50 ☒ Mi amigo el mapache

08.20 ☒ Las aventuras del joven d'Artagnan

08.50 ☒ Hurricanes

09.15 ☒ Teknoman

09.40 ☒ Space Strikers

10.10 Power Rangers (Serie)

10.30 VR. Trooper (Serie)

11.00 Ⓡ El nuevo juego de la oca
Presentadores: Andrés Caparrós, Elsa Anka y Paloma Marín.
Además de las pruebas para los cuatro concursantes habrá espectaculares números visuales, la colaboración del ballet de las ocho chicas Oquets, seis azafatos y diez especialistas para intervenir en las acciones más arriesgadas.

14.00 Bricomanía

14.30 ☺ Las noticias fin de semana

15.15 Caiga quien Caiga
Presentadores: El Gran Wyoming, Juanjo de la Iglesia, Javier Martín Antón.

16.15 Cine fin de semana
▥ (Título no facilitado)

18.15 De domingo a domingo
Presentadora: Belinda Washington.
Magazine dinámico pensado para toda la familia y para ello se han conjugado numerosas secciones, entre las que destacan las entrevistas, actuaciones musicales, ballet, concursos, humor y la información puntual sobre la jornada futbolística.

20.00 ☺ Las Noticias (Avance)

20.10 De domingo a domingo
(Continuación)

21.30 Gala de Miss España
Presentadores: Josema Yuste, Luis Fernando Alvés y Tito Valverde.
En directo, desde Roquetas de Mar (Almería), final de la gala de Miss España. Contará con las actuaciones de artistas como Sandra Morey, Mónica Naranjo, J. L. Encina, La Unión, Paul Carat.

Mónica Naranjo

01.10 Cine clásico
▥ «LA CUADRILLA DE LOS ONCE» ★★
Comedia
(Ver páginas de películas)

03.00 ☺ Avance noticias

03.10 Infocomerciales

03.30 Primeros besos (Serie)

04.00 Ⓡ Pelota Vasca

ANTENA 3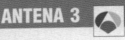

06.00 Christy (Serie)

07.00 ☺ Enciclopedia (Serie infantil)

07.20 ☒ Club Megatrix
Presentadora: Ingrid Asensio.
«El bosque de Tallac», «Batman», «Máximo», «Street Sharks», «Los Cuatro fantásticos», «Super Campeones», «La Bola del dragón», «Johnny Quest», «Elliot Mouse», «Mortadelo y Filemón».

12.00 Los Simpsons (Serie)

12.30 Ⓡ Lluvia de estrellas
Presentador: Bertín Osborne.

14.00 Ⓡ Impacto TV

15.00 ☺ Noticias
Presentadora: Rosa Mª. Mateo.

15.30 Cine
▥ (Título no facilitado)

17.30 Cine
▥ (Título no facilitado)

19.30 Calor tropical (Serie)

20.30 Espejo público
Presentador: Pedro Piqueras.
Programa en el que se ofrecen varios reportajes de actualidad. Reportajes que a modo de espejo reflejan la realidad de la sociedad española.

21.30 La casa de los líos
«La bomba Sara»
Intérpretes: Arturo Fernández, Lola Herrera, Míriam Díaz Aroca, Natalia Menéndez, Emma Ozores.

Marta Belenguer

Llega por sorpresa Sara con el tan bien guardado «secreto»: un bebé mulato hijo suyo y de un desconocido. Todos acogen emocionados a Sara y a su hijo. Mª. Luz sospecha que el padre del hijo de Sara puede ser Pandoro, por el color. Se siente muy celosa y decide tirarse por la ventana de la oficina de Inmobiliaria Guanaco». Será Arturo, el héroe anónimo que consiga rescatarla.

23.00 Lo que necesitas es amor
Presentador: Jesús Puente.
El presentador continúa cautivando con sus historias de amor y desamor. Continuará recorriendo con su caravana los pueblos de España y tratando de solucionar los problemas.

01.00 Programa de investigación

01.45 Cine de madrugada
▥ «EN ANDALUCÍA NACIÓ EL AMOR» ★
Comedia
(Ver páginas de películas)

03.30 Televenta

05.00 Cine de madrugada
▥ «MUERTES DE INVIERNO» ★★★
Comedia
(Ver páginas de películas)

15

Lee las informaciones sobre los programas de televisión. Apunta la hora y el canal de un ejemplo solamente de:

a   b   c   d   e

*Ejemplo: **a** La 2, 11.30*

16

Escucha la radio y empareja el tipo de programa con la hora de emisión.

*Ejemplo: **a** 3*

a   b   c   d   e   f

1	6.00	4	7.30
2	6.30	5	8.30
3	7.00		

17

Escucha la canción. Dibuja un símbolo para cada tipo de programa mencionado.

TELE INDISCRETA

125 PTAS.

Nº 691 SÁB. 18 DE FEBRERO AL DUR. 8 DE MARZO 1996

Apoteósico final de «ESMERALDA»

ENTREVISTA ÍNTIMA
Martí Galindo:
«Mi madre espera despierta a que llegue a casa»

Forrest Gump

El especialista
«Cine 5 estrellas»
Todas las películas que veremos

El terrible drama de las mujeres
DESFIGURADAS CON ÁCIDO
Habla el autor del reportaje emitido por «INFORME SEMANAL»

Una periodista de TVE, madre de dos adictas a la heroína, cuenta su lucha contra la droga

---

Mi casete personal

Los programas de televisión
Graba tres o cuatro frases sobre los programas de televisión que te gustan, los que no te gustan, y por qué.

Para ayudarte

Cómo aprender el vocabulario
Write each new word on a sheet of paper. On the other side, draw a symbol or a picture to help you remember what that word means. Later, try to remember the words simply by looking at the pictures.

Gramática

Remember there are several ways of saying whether you like something or not:

XXX	XX	X	✓	✓✓	✓✓✓	✓✓✓✓
Odio	No me gusta nada	No me gusta	Me gusta	Me gusta mucho	Me encanta	Me chifla

18

Lee y escucha el diálogo. Copia y completa la tabla. Dibuja un símbolo para cada deporte.

	☺	☹
Esteban		
Suso		

19

Utiliza un diccionario. Busca las palabras para otros deportes. Clasifica todos los deportes en seis columnas, como en la tabla aquí.

Ejemplo:

Equipo	Individual	Acuático	De invierno	Con balón	Con raqueta
el fútbol	el golf	la natación	el esquí	el balonmano	el tenis

20

Túrnate con tu pareja.

A — ¿Qué deportes te gustan?

B — Me gustan el tenis y el bádminton.

A — ¿Qué deportes no te gustan?

B — No me gustan ni el rugby ni el atletismo.

21

Lee el artículo. Empareja las frases con los símbolos.

Ejemplo: **1 c**

Diez consejos para mantenerse en forma

1 Va al cole a pie o en bici dos o tres veces por semana.
2 Utiliza la escalera y no el ascensor.
3 Come fruta y verduras.
4 Lleva al perro de paseo de vez en cuando.
5 Duerme ocho horas al día – desde las diez hasta las seis de la mañana.
6 Toma un desayuno bastante grande, un almuerzo más pequeño, y una cena pequeña.
7 Baja del autobús una o dos paradas antes de lo normal y anda.
8 Bebe dos litros de agua cada día.
9 Practica algún deporte. Con amigos si es posible – es más fácil en pandilla.
10 No bebas demasiado café.

22

Escucha la entrevista con Manolito, joven futbolista. Escribe V (verdadero) o F (falso) para cada frase.

Ejemplo: **1 F**

1 Manolito tiene diecisiete años.
2 En el desayuno come tostadas.
3 Va al estadio a las diez.
4 El entrenamiento comienza a las once.
5 Hay dos horas de entrenamiento.
6 Toma el almuerzo a las dos.
7 Come filete con patatas fritas.
8 Por la tarde ve la televisión.
9 No bebe vino.
10 Duerme ocho horas al día.

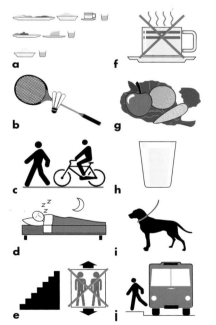

a
b
c
d
e
f
g
h
i
j

23

Escoge un/una deportista famoso/a. Escribe unas frases sobre él/ella – el deporte que practica, el régimen, el entrenamiento, la rutina diaria, etcetera. Haz un póster con una foto.

Para ayudarte

Vocabulario

acuático (adj) – aquatic, of water
andar (v) – to walk
ascensor (nm) – lift
balón (nm) – ball
balonmano (nm) – handball
clasificar (v) – to sort
como nosotros – like us
entrenamiento (nm) – training
escalera (nf) – stairs
millonario (nm) – millionaire
no te pongas así – don't be like that
partido (nm) – match
peligroso (adj) – dangerous
rollo (nm) – bore
tiros directos (nmpl) – free kicks
vaso (nm) – glass (for drink)

Cómo aprender el vocabulario

To learn words to do with sport, try grouping them like this:

Deporte: el fútbol
Jugador: el futbolista
Qué necesita: el balón, las botas, la camiseta
Dónde: el estadio, el parque
General: marcar, el gol, el árbitro

Mi casete personal

Los deportes que me gustan

Graba unas frases sobre los deportes que te gustan y los que no te gustan. ¿Eres miembro de un equipo? ¿Cuándo juegas?

24

Lee y escucha el diálogo. ¿Quién es? Apunta E (Esteban) o S (Suso).

1 Cuando hace sol le gusta jugar al tenis.
2 Cuando está lloviendo le gusta ver la televisión.
3 Cuando hace frío le gusta ir a la tienda de discos.
4 Cuando hace sol le gusta ir a la playa.
5 Cuando hace frío le gusta leer un libro.
6 Cuando está lloviendo le gusta ir al cine.
7 Cuando hace frío le gusta ir a la cafetería.
8 Cuando hace sol le gusta ir a la piscina.

Gramática

Acabar de

This is a useful verb that means 'to have just done' something. It is always followed by another verb in the infinitive.

Acabo de hacer mis deberes.   I've just done my homework.
Acaba de llegar.   He/She has just arrived.
Acaban de lavar los platos.   They've just washed the dishes.

Find examples of *acabar de* in the dialogue.

25

Túrnate con tu pareja.

A — ¿Quieres jugar al fútbol?

B — No, gracias, está lloviendo.

A — ¿Quieres ir al polideportivo entonces?

B — Sí, de acuerdo. Buena idea.

26

Escucha lo que dice Suso. ¿Qué le gusta hacer cuando está lloviendo, cuando hace sol, y cuando hace frío? Dibuja símbolos para el tiempo y para las actividades.

27

Escribe dos listas de lo que haces tú.

Cuando hace buen tiempo ...	Cuando hace mal tiempo ...

28

Lee la carta de Enrique. Después escríbele una respuesta para contestar sus preguntas.

> **Querido Paul:**
>
> Gracias por tu última carta. A mí me gustan los deportes. Cuando hace frío me gusta jugar al fútbol. También me gusta ir al polideportivo y jugar al bádminton. Cuando hace sol, me gusta jugar al tenis, o ir a la playa – me gusta nadar en el mar. Voy al polideportivo cuando está lloviendo. Juego al baloncesto.
>
> Y tú, ¿qué haces cuando hace sol? ¿Y cuando hace frío, o está lloviendo?
>
> **Escríbeme pronto,**
>
> *Enrique*

29

Escucha la canción. Empareja el tiempo con las actividades.

1 Hace frío _____
2 Hace sol _____
3 Está lloviendo _____

 a
  b
  c
  d
  e
  f
  g
  h

Mi casete personal

Buen tiempo, mal tiempo, tiempo libre
Graba tres o cuatro frases sobre lo que haces cuando hace buen tiempo y cuando hace mal tiempo.

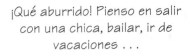

¡Qué aburrido! Pienso en salir con una chica, bailar, ir de vacaciones …

Hombre, ¿qué dices? Ya sabes que no tenemos dinero para todo eso.

Sí, pero sueño con coches grandes, restaurantes de lujo, vacaciones en Méjico …

Oye, hombre, vuelves a vivir de pura fantasía. No es posible.

Cuento con obtener mucho dinero, y no me importa como.

Suso, deja de decir tonterías. Y no hagas nada estúpido. Te ayudo a pasar el día. Jugamos al fútbol, vemos la televisión …

¡Para mí no es suficiente! ¡Quisiera viajar, me gustaría tener un empleo, comprar cosas buenas! ¡No es justo!

Sí, sí, vamos a ver.

Suso, basta ya. Tranquilo. Deja de hablar así. Eso no sirve para nada. ¿Quedamos en eso?

30

Lee y escucha el diálogo. Empareja las frases de las dos columnas.

Ejemplo: **1 f)**

1 Pienso en …
2 Sueño con …
3 Vuelves a …
4 Cuento con …
5 Deja de …
6 Te ayudo a …
7 Cesa de …
8 Eso no sirve para …
9 Quedamos en …

a) … eso.
b) … coches grandes.
c) … hablar así.
d) … nada.
e) … vivir de pura fantasía.
f) … salir.
g) … decir tonterías.
h) … obtener mucho dinero.
i) … pasar el día.

31

Escucha los sueños de los personajes de *¡Captado!*. ¿Quién habla: Marisol, Ana, Felipe, Miguel o Esteban?

Ejemplo: **1 Felipe**

32

Túrnate con los miembros de tu grupo. Utiliza un diccionario si es necesario.

A ¿Cuáles son tus ambiciones?

B Sueño con …

C Quisiera …

D Me gustaría …

Gramática

Using verbs with prepositions

Some verbs in Spanish are always used with other words called 'prepositions'. These small words act as links between the verb and the rest of the sentence. When you learn the verb make sure you learn the preposition that goes with it. You already know *acabar de* (see page 92). There are more examples of verbs used with prepositions in the dialogue on this page. NB The prepositions in Spanish are not always the ones you would expect.

pensar (ie) **en**	to think about
ayudar **a**	to help to
cesar **de**	to stop
soñar (ue) **con**	to dream about
servir (i) **para**	to be good for
dejar **de**	to stop

33

Escoge una persona famosa. ¿Con qué sueña? Corta una foto de una revista, y añade una frase.

Sueño con ganar el premio.

35

Utiliza un diccionario. ¿Qué son estas palabras? ¿Qué significan? (Consejo – busca las vocales.)

sñr cn	mprdr	dscbrr
cnqstr	vncr	ztcs
mbcns	brrd	ncntrr
vccns	tntrs	sfcnt

Mi casete personal 🎤

Mis sueños

Graba tres frases sobre tus ambiciones. Utiliza estas frases:

> Sueño con …
> Quisiera ser …
> Me gustaría …

Busca en el diccionario si es necesario.

34 📖

Lee los sueños de los personajes famosos de la historia. Empareja los sueños con los personajes.

Ejemplo: 1 Napoleón

Juana de Arco

Guillermo el Conquistador

Napoleón

Julio César

Cristóbal Colón

Hernán Cortés

1 Quisiera conquistar Rusia.
2 Sueño con encontrar el oro de los aztecas.
3 Quisiera vencer a los ingleses.
4 Sueño con descubrir una ruta a la India.
5 Me gustaría ser Rey de Inglaterra.
6 Sueño con ser emperador de Roma.

Para ayudarte

Vocabulario

basta ya – enough's enough
conquistar (v) – to conquer
de lujo – luxury
descubrir (v) – to discover
emperador (nm) – emperor
fantasía (nf) – fantasy
ganar (v) – to win
no es justo – it's not fair
no sirve para nada – it does no
    good, it doesn't help
puro (adj) – pure
suficiente (adj) – enough
todo eso – all that
tonterías (nfpl) – nonsense
vencer (v) – to beat
viajar (v) – to travel
vocal (nf) – vowel

Cómo aprender el vocabulario

Work with a partner and set each other Spanish anagrams to solve. Set yourselves a time limit to make it more of a challenge. Try these: upor, crevne, jaravi, stoju, ranga.

Ya lo sé

A Una encuesta

Haz una encuesta en tu clase sobre los deportes:

A — ¿Qué deportes te gustan?

B — Me gustan el fútbol, el rugby y el baloncesto.

Ejemplo:

					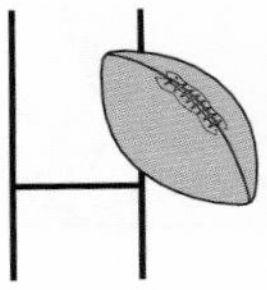	
Craig	✓	✗	✗	✗	✓	✓
Becky	✗	✓	✗	✗	✓	✓
Scott	✓	✓	✓	✓	✗	✗

B ¿Qué tiempo hace?

Apunta el tiempo que hace cada día durante una semana.

Ejemplo:

lunes 6	hace sol
martes 7	está lloviendo
miércoles 8	hace sol
jueves 9	hace viento, está nublado
viernes 10	hace calor
sábado 11	está lloviendo
domingo 12	hace viento

C La rutina de las estrellas

Escoge una persona famosa y escribe su rutina diaria, real o imaginaria. Utiliza una foto recortada de una revista, y añade el texto.

D La televisión

Inventa una lista de programas de televisión. Describe los programas ingleses en español.

Ejemplo:

7.30	**Coronation Street**	Telenovela
8.00	**The Bill**	Serie policíaca
8.30	**You Bet**	Concurso
9.00	**Lions of the Serengeti**	Documental
10.00	**News at Ten**	Noticias
10.40	**Sleepless in Seattle**	Película

Inventa un canal (por ejemplo: TeleBrum) e inventa otros programas.

E *Un folleto*

Diseña un folleto para tu pueblo/ciudad. ¿Qué se puede hacer cuando está lloviendo?

Ejemplo:

¿Qué hacer en ... ... BROMSGROVE?

¿Está lloviendo ...?

¿Hace sol ...?

¿Hace frío ...?

... Visita el museo o el polideportivo

... Visita el museo de edificios "Avoncroft"

... Ve al partido de fútbol de los Rovers

F *La vida es sueño*

¿Con qué sueñas? ¿Cuáles son tus ambiciones?
Diseña un póster de tus sueños más extravagantes.

Ejemplo:

Sueño con ...

... jugar al fútbol en la selección inglesa.

G *Un poema*

Escribe un poema sobre tus sueños, y los problemas que tienes.
Utiliza estas frases:
Sueño con …
Pero no tengo …
Utiliza un diccionario si quieres.

Sueño con visitar la luna
Pero no tengo cohete
Sueño con ser estrella de película
Pero no tengo cine
Sueño con ganar la Vuelta a España
Pero no tengo bici
Sueño con ser detective
Pero no tengo lápiz

Regalo de cumpleaños

1

Lee el diálogo y escucha el casete. Copia y completa la guía con las letras que convengan.

a b c d e

La guía del almacén

planta	
novena	
octava	
séptima	
sexta	
quinta	
cuarta	
tercera	
segunda	*Ejemplo: a*
primera	
planta baja	
sótano	

Gramática

Ordinal numbers

You already know numbers 1–1000 (the cardinal numbers), but to say 'the first', the 'second' and so on, you need a different set of words. These are called ordinal numbers – they give the order of things. Ordinal numbers are 'masculine' or 'feminine', depending on the noun to which they refer: **la** primer**a** clase; **el** segund**o** coche

cardinal number	ordinal number: masculine	ordinal number: feminine
uno	*primero	primera
dos	segundo	segunda
tres	*tercero	tercera
cuatro	cuarto	cuarta
cinco	quinto	quinta
seis	sexto	sexta
siete	séptimo	séptima
ocho	octavo	octava
nueve	noveno	novena
diez	décimo	décima

* *primero* and *tercero* shorten to *primer* and *tercer* with a masculine noun.

2

Mira estos dibujos y escribe una lista de regalos apropiados para cada persona.

Ejemplo: **a** walkman, …

a b c d e f

3

Lee la guía del almacén. Lee lo que dice Marisol. ¿En qué planta puede comprar los siguientes artículos?

Ejemplo: **1** En la segunda planta

1 Me gustaría una bufanda para mi padre.
2 Quisiera un bolso para mi madre.
3 Me gustaría comprar maquillaje para Susana.
4 Quisiera un videojuego para mi primo.
5 Quisiera una planta para mi profesora.
6 Me gustaría una taza de té con leche.
7 Quisiera comprar un libro.
8 Quisiera botas nuevas para mi cumpleaños.

El Corte Inglés

PLANTA	DEPARTAMENTOS
9	CAFETERIA. RESTAURANTE "Las Trébedes". AUTOSERVICIO. "La Rotonda". TERRAZA.
8	OPORTUNIDADES Y PROMOCIONES.
7	DEPORTES. IMAGEN Y SONIDO. INFORMATICA. Canal Plus.
6	HOGAR TEXTIL. Muebles. Cuadros. Galería de Arte. Lámparas. Mercería. Tejidos. CREAR HOGAR. Decoración.
5	HOGAR MENAJE. Regalos. Electrodomésticos. Plásticos. Saneamiento. Listas de Boda. Departamento Servicio al Cliente.
4	JUVENTUD. Todo para los jóvenes. Territorio vaquero.
3	INFANTIL. Todo para los niños, niñas y bebés. ZAPATERIAS. JUGUETES. Videojuegos.
2	CABALLEROS. Todo para el hombre. Artículos viaje. Agencia de viajes. Centro de Seguros. Peluquería de caballeros.
1	SEÑORAS. Todo para la mujer. Peletería. "Pronovias". Peluquería.
B	COMPLEMENTOS DE MODA. DISCOS. PERFUMERIA Y COSMETICA. LIBRERIA. Cambio de moneda extranjera.
S	SUPERMERCADO. Papelería. Accesorios Automóvil. Limpieza. Ferretería y Bricolage. Golosinas. Animales y Plantas. Optica 2000. Caja Parking.
P	APARCAMIENTO. Carta de Compras. Envíos nacionales e internacionales.

4

Escucha la canción. Copia y completa la guía de la tienda.

Quinto piso	*Ejemplo: servicio de posventa, la moda de los años sesenta*
Cuarto piso	
Tercer piso	
Segundo piso	
Primer piso	
Planta baja	

Para ayudarte

Vocabulario

cuadro (nm) – picture
planta (nf) baja (adj) – ground floor
sótano (nm) – basement
zapatería (nf) – shoe shop, shoe department

Shortened words

Some words in Spanish have short forms in front of masculine nouns. A few of these shortened words are cardinal numbers (*uno/un, ciento/cien*) or ordinal numbers (*primero/primer, tercero/tercer*).

el primer nivel
el tercer hombre

Some very common adjectives are also shortened in front of a masculine noun.

un buen libro
un mal accidente

grande shortens to *gran* in front of both feminine and masculine nouns.

un gran accidente
una gran sorpresa

Entrevista con Marisol

Entrevistador: Buenos días. Hoy quiero entrevistar a nuestra campeona regional de natación que estudia en Salamanca también. Se llama Marisol Muñoz. Buenos días, Marisol.
Marisol: Buenos días.

Entrevistador: ¿Puedes hablar de tu rutina diaria?
Marisol: Pues, me despierto a las seis y media, me levanto normalmente a las siete. Me visto rápidamente, y voy a la piscina. Nado una hora, después me ducho, me lavo el pelo y después tomo el desayuno.
Entrevistador: Y ¿qué suele comer una campeona?
Marisol: Suelo desayunar bien: tres tostadas con mantequilla y miel, café con leche, un yogur y un plátano o cereales con leche caliente. Después voy a la universidad.
Entrevistador: ¿Qué horario tienes en la universidad?
Marisol: Tengo clases de las nueve y media de la mañana a las dos de la tarde. Luego voy a comer a la cantina, suelo tomar ensalada y fruta, después voy a la piscina toda la tarde para entrenarme. Suelo nadar hasta las seis de la tarde.
Entrevistador: Y ¿después qué sueles hacer?
Marisol: Después regreso a casa. A las nueve ceno, suelo comer pasta, pescado o carne y un postre, un helado o un pastel, y bebo mucha agua. Miro un poco la televisión o escucho música y me acuesto a eso de las once de la noche.
Entrevistador: Veo que tienes una vida muy sana, Marisol, muchas gracias y adiós.
Marisol: Adiós.

5

Lee y escucha el diálogo y pon las frases en el orden correcto.
*Ejemplo: **d**), …*

a) Marisol come bastante por la noche.
b) Marisol tiene clases de 9.30 a 14.00.
c) El entrevistador decide que Marisol tiene una vida sana.
d) Marisol se despierta a las seis y media.
e) Marisol se acuesta a las once.
f) Marisol se lava el pelo.
g) Marisol mira la televisión.
h) Marisol suele comer cereales o tostadas.

Gramática

Reflexive verbs

These are verbs that refer to actions done by yourself, to yourself, for instance 'to get dressed' (= 'to dress yourself'). You can recognise them in Spanish by the fact that the infinitive has an additional -se on the end. *Se* is a pronoun that means 'oneself'/'himself'/'herself'/'itself'. Every time you use a reflexive verb, you need to make sure you also use the right pronoun.

lavarse	**to wash yourself**
me lavo	I wash myself
te lavas	you (singular, informal) wash yourself
se lava	he/she/it washes himself/herself/itself
	you (singular, formal) wash yourself
nos lavamos	we wash ourselves
os laváis	you (plural, informal) wash yourselves
se lavan	they wash themselves
	you (plural, formal) wash yourselves

Spanish has far more reflexive verbs than English. It is important to use them correctly or the meaning may not be clear.

lavar = to wash something or someone else (the car, the dog, etc.)
*lavar**se*** = to wash yourself, i.e. to get washed

• Find eight reflexive verbs in the interview with Marisol.

6

Lee la entrevista con Marisol y la rutina de Esteban en la página 82 de la Unidad 6. Mira los dibujos y escribe frases como en el ejemplo.

Ejemplo: **1** *Marisol se despierta a las seis y media, pero Esteban se despierta a las doce.*

7

Escucha a Xavier. ¿Cuál es correcto? Escribe **a** o **b**.

Ejemplo: **1 b**

1 a   b

2 a   b

3 a   b

4 a   b

5 a   b

6 a   b

7 a   b

1   06:30   12:00

2   07:00   12:05

3   07:05   13:00

4   08:30   00:30

5   23:00   01:00

8

  Encuesta

En grupos de 6 a 8 personas, preguntad a qué hora se despiertan, se levantan y se acuestan vuestros amigos.

Ejemplo:

A — ¿A qué hora te despiertas?

B — Me despierto a las siete.

B — ¿A qué hora te levantas?

C — Me levanto a …

Cuando termináis la encuesta, presentad la información para todo vuestro grupo en una tabla.

9

Escribe una carta describiendo tu rutina, de la mañana o de la tarde.

Mi casete personal

Mi rutina diaria 2

Añade a tu casete tres o cuatro frases describiendo tu rutina diaria.

Ejemplo: Suelo levantarme pronto por la mañana, me lavo, me cepillo el pelo, y desayuno mirando la tele …

Para ayudarte

Vocabulario

a eso de – around …
carne (nf) – meat
cepillarse los dientes – to brush your teeth
cereales (nmpl) – cereals
diente (nm) – tooth
miel (nf) – honey
pasta (nf) – pasta
pescado (nm) – fish
plátano (nm) – banana
preguntad – ask (you pl.)
regresar (v) – to come back
sano (adj) – healthy
suelo levantarme – I normally get up

La competición de natación

Buenas tardes a todos. Hoy es el día de nuestra gran competición entre varias regiones españolas. Ahora llegan nuestras campeonas regionales. En el tercer podio vemos a la campeona valenciana, María Ibáñez, en el quinto podio está ahora la representante castellana, Marisol Muñoz, estudiante en Salamanca. La chica vasca, que se llama Lleire Zunzunegui, ya está lista en la segunda posición. En el cuarto podio tenemos a Nuria Pujol, la chica catalana, y en primera posición, la gallega Juana Moraes.

Ah . . . pero ahora hay un aviso para Marisol Muñoz. Tiene que presentarse urgentemente en la oficina. Hay una llamada telefónica muy urgente para Muñoz, por favor...

10

Empareja las posiciones, los nombres, y las regiones de cada representante.

Ejemplo: Primera, Juana, de Galicia

cuarta	Nuria Pujol	Valencia
quinta	María Ibáñez	Castilla
primera	Marisol Muñoz	Galicia
tercera	Lleire Zunzunegui	Cataluña
segunda	Juana Moraes	País Vasco

Gramática

Talking about where you're from

To tell someone where you are from, you use the verb *ser* + *de*.

Soy de Pamplona, en Navarra.
Tú eres de Madrid, en Castilla.
Manuel es de Asturias.
Nosotros somos de Galicia.
Vosotros sois de Málaga, en Andalucía.
Ellas son de Cataluña, de Barcelona.

You can add more detail by saying where your region or town is situated.

Madrid está en el centro de España.	Madrid is in the centre of Spain.
Barcelona está en el este de España.	Barcelona is in the east of Spain.
Málaga está en Andalucía, en el sur de España.	Malaga is in Andalucia, in the south of Spain.
Salamanca está en el oeste de España.	Salamanca is in the west of Spain.

11

¿De dónde son? Empareja cada persona con una provincia y una región.

Ejemplo: Jordi, Cataluña, noreste

Cataluña   Galicia   País Vasco
Andalucía   Extremadura
Valencia   noreste   sureste   sur
norte   noroeste   oeste

El resultado de la competición

 12

Lee el artículo y pon los números adecuados en cada región según el resultado de cada nadadora.

Ejemplo: Valencia – primera

Resultado de la competición nacional de natación del viernes 13 de mayo:

En primera posición llega la valenciana María Ibáñez que va a representar nuestro país en la competición europea en París en agosto. En segundo lugar, la vasca Lleire Zunzunegui que nada con estilo perfecto. La tercera campeona es la catalana Nuria Pujol y la cuarta posición se la lleva la gallega Juana Moraes. No ha podido participar en esa competición la castellana Marisol Muñoz.

 13   ¿De dónde es?

Escucha el casete. Decide si las frases son verdaderas o falsas. Escribe V o F.

1 Nuria es de Valencia.

2 Juana es de Pamplona.

3 Marisol es de Salamanca.

4 María es de Barcelona.

5 Lleire es del País Vasco.

6 Isabel es de Galicia.

 14   Tu ciudad

Ahora escribe un pequeño párrafo sobre tu ciudad o tu pueblo.

Ejemplo: Vivo en un pequeño pueblo muy bonito, al sur de Manchester. Manchester está en el norte de Inglaterra.

 15

Elige una ciudad en secreto, y describe dónde está. Identifica la ciudad de tu amigo con las direcciones que te da.

Ejemplo:

A   Mi ciudad está en el norte de España, al norte de Barcelona.

B   Eres de Pamplona.

Para ayudarte

Vocabulario
aviso (nm) – message
entre (prep) – amongst
llamada (nf – (phone) call
podio (nm) – podium
varios (adj pl) – various

Mi casete personal

Soy de ...
Graba en tu casete de dónde eres y dónde exactamente está situado tu pueblo o tu ciudad y en qué región.

Cuando Marisol contesta al teléfono, se informa del accidente de su hermano. Al oír las malas noticias, Marisol vuelve al piso, hace rápidamente su maleta y toma un taxi a la estación de tren.

Allí compra un billete de ida y vuelta de Salamanca a Pamplona. Tiene mucho tiempo porque son las dos y media y su tren sale a las cuatro.

Va a una tienda para ver si se venden bocadillos. Marisol nota que se venden revistas y compra una para su hermano. Compra también una revista sobre Salamanca. Está muy triste porque no puede competir hoy y su hermano no está bien.

Gramática

Se vende/se venden

The verb *vender* means to sell, but it is often used in a reflexive form, to mean 'to be sold, to be for sale'.

En esa tienda se venden casetes.

Look again at page 100 to remind yourself how reflexive verbs work. Remember to choose either the singular form or the plural form of the verb, depending on what you are referring to.

Aquí se vende queso.
Se venden tomates en el mercado.

Using a verb in this reflexive way is a common pattern in Spanish.

Aquí se habla francés.   We speak French./French is spoken here.
No se permite fumar.   No smoking allowed.

16

Lee y escucha la historia y empareja las frases de las dos columnas.

Ejemplo: **1 c)**

1 Va a	**a)** al teléfono.
2 Está	**b)** vuelve al piso.
3 Contesta	**c)** una tienda.
4 Compra	**d)** revistas.
5 Al oír eso	**e)** dos revistas.
6 Se venden	**f)** muy triste.

17

Túrnate con tu pareja

Ejemplo:

A Perdone, ¿se vende la radio?

B Sí, se vende la radio.

No, no se vende la radio.

18

Estas frases se han mezclado. Identifica el orden lógico.

a) Me ducho a las siete y media.
b) Me acuesto a las diez de la noche.
c) Al levantarme tomo mi desayuno.
d) Ceno a las ocho de la noche.
e) Me llamo Roberto y suelo despertarme a las siete cada mañana.
f) Al terminar mi ducha, me seco el pelo y me peino.
g) Como en la cantina a mediodía.
h) Tomo el tren a las ocho.
i) En la estación compro un periódico o una revista para leer en el tren.
j) Llego a la oficina a las nueve.
k) Vuelvo a casa a las cuatro de la tarde.

19 *En la estación de ferrocarril*

Escucha el casete y copia y completa la tabla.

	el precio	el destino	de ida/de ida y vuelta	¿primera o segunda clase?
1 Ejemplo:	2.300 ptas	Madrid	de ida y vuelta	primera
2				
3				
4				

20

Mira el horario y decide qué tren necesita tomar cada persona.

1

> Tengo que volver a Salamanca antes de las diez de la noche.

2

> Quiero ir de Pamplona a Salamanca, ida solamente, quiero viajar lo más rápidamente posible.

3

> No puedo levantarme muy pronto pero necesito llegar a Pamplona antes de las cinco de la tarde.

4

> Nos gustaría hacer una visita turística a Pamplona. Queremos volver el mismo día. Nos encantan los viajes en tren.

Tren	Salida de Salamanca		Llegada a Pamplona	Salida de Pamplona		Llegada a Salamanca
Talgo	6.30	andén 3	10.00	18.30	andén 4	22.00
Ter	7.00	andén 1	11.00	19.00	andén 2	23.00
Ferrobús	9.30	andén 2	16.30	14.00	andén 1	21.00
Express	8.00	andén 4	14.00	16.00	andén 3	22.00

TARIFA DE PRECIOS		
Ida y vuelta	(Salamanca – Pamplona) (Pamplona – Salamanca)	3.500 ptas
Ida sólo	(Salamanca – Pamplona) (Pamplona – Salamanca)	2.000 ptas

21

Prepara un diálogo con tu pareja según el ejemplo.

Ejemplo:

A
> Quisiera un billete de ida y vuelta de Salamanca a Pamplona por Talgo por favor.

B
> ¿De primera o segunda clase?

A
> De segunda clase. ¿Cuánto vale?

B
> Son 3.500 pesetas.

A
> Aquí tiene, y ¿de qué andén sale el tren?

B
> Del andén número dos.

A
> Gracias, adiós.

Mi casete personal

En la estación de tren
Tienes que comprar los billetes de tren. Graba las frases en tu casete personal.

Para ayudarte

Vocabulario
andén (nm) – railway platform
destino (nm) – destination
de ida y vuelta – return (ticket)

Ahora llega el tren para Pamplona. Marisol se instala en su asiento y empieza a leer su revista sobre la ciudad de Salamanca …

22

Lee el texto. ¿En qué orden se mencionan estas cosas?

Ciudad famosa ya en el siglo trece por su universidad, Salamanca es una ciudad muy antigua y muy bonita. Mejor visitar la ciudad a pie.

Primero visite el Puente Romano situado sobre el río Duero, después suba a ver las catedrales – la nueva y la antigua. Muchos turistas suelen pasearse por este sitio para admirar estos magníficos monumentos. Ande un poco, ahora vea la plaza Anaya, allí coja el pequeño tren que suele recorrer el centro de la ciudad.

Al lado de las catedrales puede ver la universidad edificada en 1215. Ahora camine hacia la Plaza Mayor. Va a pasar delante de la famosa Casa de las Conchas, un edificio muy interesante. Al llegar a la Plaza Mayor, es buena idea sentarse en unos de los cafés y admirar la maravillosa arquitectura.

¿Le gusta el arte moderno? ¿Por qué no pasar unas horas en Casa Lys, el nuevo museo de "Art Nouveau" de los años 1900–1930? Finalmente, vaya a una confitería para comer unos buenos pasteles, especialidad de Salamanca.

a

b

c

d

e

f

Para ayudarte

Gramática

Soler – talking about when something usually happens
This is a very useful verb which indicates that something happens on a regular basis. It is used with the infinitive of the chosen verb.

Suelo cepillarme los dientes dos veces al día.	I usually brush my teeth twice a day.
Sueles comer cereales, ¿no?	You normally have cereal, don't you?
Suele levantarse a las ocho.	He/she normally gets up at eight.
Solemos viajar en el autobús.	We usually travel by bus.
Soléis llegar pronto.	You normally arrive early.
Suelen comer sopa por la noche.	They normally have soup in the evening.

Find some examples of this verb in the above text about Salamanca. NB *Soler* is a stem-changing verb following the same pattern as *poder –(ue)*; look again at page 82 to revise these patterns.

- Write three sentences using *soler*, and three using *poder*.

Cómo aprender el vocabulario
To practise an important structure such as saying you like or dislike something, try this. Start with a simple sentence, such as Me gusta el tenis.

Change one part.	Me gusta **el fútbol**.
Carry on, changing one part at a time.	**Me chifla** el fútbol.
	Me chifla **el badmintón**.
	Odio el badminton, etc.

Take it in turns with a partner – who can keep going longest?

23

Escucha el casete. Para cada dibujo decide si hay o no hay esta facilidad en Salamanca. Escribe 'Hay' o 'No hay'.

 1 2 3 4 5 6

 7 8 9 10 11 12

24

Mira los símbolos del ejercicio 23 y pregunta a tu pareja si hay estas facilidades en vuestra ciudad o pueblo.

Ejemplo:

A — ¿Hay una discoteca en tu ciudad?

¿Se puede bailar en tu ciudad?

B — Sí, se puede bailar en la discoteca 'Moonlight'.

No, no se puede bailar.

25

Escucha la canción. Escribe las letras de las ilustraciones (página 106) en el orden correcto.

26

Escribe lo que hay para los jóvenes y los turistas en tu ciudad y tu región.

Ejemplo: En mi ciudad hay muchas cosas para los turistas. Hay museos, se puede visitar monumentos y cuevas …

Mi casete personal

En mi ciudad …

¿Qué sueles hacer en tu tiempo libre? Y ¿qué hay que hacer en tu ciudad? Graba cinco frases en tu casete personal.

Para ayudarte

Vocabulario

a pie (adv) – on foot
ambiente (nm) – atmosphere
antiguo (adj) – old
callejuela (nf) – alleyway
cueva (nf) – cave
estrecho (adj) – narrow
famoso (adj) – famous
hacia (prep) – towards
hay mucha marcha – there's a lot going on
pasearse (v) – to go for a walk, to stroll
recorrer (v) – to go round
río (nm) – river
silla (nf) de ruedas – wheelchair
turista (nmf) – tourist

Para ayudarte a leer

When faced with long text, don't panic. Look for similarities between Spanish and English words. See how many of the following words you can understand without using a dictionary:

aspecto, pianista, arte, tragedia, labor, reservar, decorar, fotografía, catedral, completamente, furioso, acción, violencia, óptico, correspondiente, anunciar, sociedad, canadiense, senador, estadio.

¡Ojo! It doesn't always work. Check the following words in your dictionary:

largo, sensible, actual.

Marisol llega al hospital para ver a su hermano que está en la cama.

¡Hola, hermana! ¡Qué gran sorpresa!

Pero ¿qué te pasa? ¡Qué accidente, tú y tu famosa bicicleta!

Sí, horrible. Imagina, estoy en la carretera muy contento porque vuelvo a casa y de repente un coche viene a cien kilómetros por hora y no me ve. No se para, me manda contra un árbol y mira el resultado ahora. Tengo como cien puntos en la pierna.

¡Pobrecito! ¿Te duele mucho?

Bueno, no me siento bien. Y la bici, pues la tengo en el garaje, destrozada.

Bueno, veo que tienes unas cartas . . . aha, 'Muchos besos, Carmen'. ¿Quién es esta chica? ¿Una nueva amiga?

Gramática

Object pronouns

You already know some Spanish pronouns: *yo, tú, él, ella, nosotros(as), vosotros(as), ellos/ellas*. (Look back at page 18.) These words are called subject pronouns – they indicate who or what is doing, having or being something. There are two more sets of pronouns you need to be able to use. The first set indicates who or what is having something done to them. These are called direct object pronouns (English examples are 'him', 'us', and 'them'.)

Direct object pronouns

me	me
te	you (singular, informal)
le	him, you (singular, formal)
la	her/it
lo	it
nos	us
os	you (plural, informal)
les	them (for people, masc.)
las	them (for people and objects, fem.)
los	them (for objects, masc.)

*¿Tienes tu revista? Sí, **la** tengo.*
Have you got your magazine? Yes, I've got it.

*¿Te gustan los pasteles? No, **los** odio, son asquerosos.*
Do you like the cakes? No, I hate them, they're disgusting.

The second set of pronouns is used to indicate who is having something given to them or done for them – these are called indirect object pronouns (in English we use 'to me' or 'for me', 'to/for you', 'to her', etc.).

Indirect object pronouns

me	to/for me
te	to/for you (singular)
le	to/for him/her/it
nos	to/for us
os	to/for you (plural)
les	to/for them

*¿Qué **me** dices?*   What are you telling me?

*¿**Les** estás comprando un regalo?*   Are you buying a present for them?

The pronouns used with *gustar* are indirect object pronouns.

*¿Te gusta el nuevo profesor? Sí, **me** encanta, pero a mi hermano no **le** gusta.*   Do you like the new teacher? Yes, I like him a lot, but my brother doesn't like him.

27

Lee y escucha el texto. Apunta V (verdadero) o F (falso) para cada frase.

1 Miguel sabe que hoy Marisol viene a verle.
2 Miguel está en una silla de ruedas.
3 El otro vehículo es un camión.
4 Es un accidente bastante grave.
5 Tiene las dos piernas rotas.
6 Tiene cien puntos en la pierna.
7 Miguel no se siente muy bien.
8 Marisol pregunta a Miguel sobre una carta de un chico.

28

Trabaja con tu pareja.

Ejemplo:

A ¿Tienes el diccionario?

B No, no lo tengo. *o* Sí, lo tengo.

29

Contesta las preguntas.

Ejemplo: 1 Las compro en el Corte Inglés.

1 ¿Dónde compras tus gafas?
2 ¿Cuándo tomas la cena?
3 ¿Me escuchas?
4 ¿Habláis a los vecinos?
5 ¿Me escribes?
6 ¿A qué hora haces tus deberes?
7 ¡Ojo! ¿No ves a la ciclista?
8 ¿Prefieres las películas de terror?

30

Escribe sí o no, para indicar si Miguel tiene o no estas cosas.

1

2

3

4

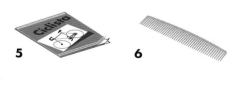
5

6

7

Para ayudarte

Vocabulario
árbol (nm) – tree
roto (adj) – broken
mandar (v) – to send
punto (nm) – a stitch (also a point)
vehículo (nm) – vehicle

Cómo aprender el vocabulario
Draw a grid on a piece of paper. Write a sentence or a phrase using a separate square for each word. Cut up the sentence into individual words.

| me | duele | la | cabeza |

Shuffle the pieces and place them face down. Your partner should turn over one piece at a time, to see how soon he/she can work out what your sentence is. Take turns.

31

Lee la nota de Miguel. Sustituye los números con 'lo', 'la', 'los' o 'las'.

Ejemplo: **1** *lo*

Mamá

Me gustaría tener mi walkman. [1] puedo escuchar por la tarde cuando no hay nada en la televisión. Y mis gafas de sol también. El sol entra por la ventana casi todo el día. [2] tengo en mi chaqueta de cuero. ¿Y puedes traer mi carpeta de geografía? [3] necesito para repasar unos apuntes. Y mis libros también. [4] tengo que leer para los exámenes.
Un abrazo muy fuerte,
                                    Miguel

32 *Poema*

Elige el dibujo que convenga.

Ejemplo: **1 d)**

1 Las tomo
2 La beso
3 Lo beso
4 Los miro
5 Las guardo
6 La saco
7 Las miro

 a

 b

 c

 d

Cada día me das un regalo
Tu corazón
Lo tomo
Lo guardo
Lo beso
Lo pongo en mi caja de secretos
Y cada mañana
Lo saco
Y lo miro

Cada día me das un regalo
Tu sonrisa
La tomo
La guardo
La beso
La pongo en mi caja de misterios
Y cada tarde
La saco
Y la miro

Cada día me das un regalo
Tus ojos
Los tomo
Los guardo
Los pongo en mi caja de sueños
Y cada noche
Los saco
Y los miro

Cada día me das un regalo
Tus penas
Las tomo
Las guardo
Las beso
Las pongo en mi caja de fantasías
Y cada madrugada
Las saco
Y las miro

Ya lo sé

A Plano de la tienda

Busca un plano de un gran almacén en tu ciudad y diséñalo en español para el uso de turistas españoles.

B La estación de tren

Ahora prepara con tu pareja y la ayuda de un diccionario el plano de una gran estación de tren con todas las tiendas y facilidades que necesitan los viajeros.

C Tu barrio

Prepara ahora el plano de tu barrio. ¿Qué hay de interés allí? Tienes que usar símbolos y una explicación en español de todos esos símbolos. Si no hay mucho en tu barrio para los jóvenes, puedes imaginar, o ¡puedes vivir en otro planeta!

D Una carta

Escribe una carta a tu corresponsal explicando tu rutina diaria, lo que sueles hacer por la noche y en los fines de semana, y las actividades que hay para los jóvenes y los turistas en tu ciudad.

E Un póster

Con vuestro grupo diseñad un póster sobre vuestro barrio, ciudad o pueblo, explicando su situación geográfica, quizás con un mapa y lista de lo que hay de interés allí.

F Deportes

En un pequeño grupo de tres o cuatro, diseñad un listado de los resultados españoles de campeonatos de golf, tenis, fútbol o carreras de automóvil, ilustrando vuestro trabajo con fotos o dibujos. Podéis usar Teletext o Internet o revistas especializadas para esta tarea.

Unidad ocho

Un día de alegría termina mal

¡Un contrato con Empresas Pimentel! Finalmente voy a ganar bastante dinero. Estoy ilusionado. Ana va a estar muy contenta.

Pobrecita, yo tengo que trabajar tanto, estoy estresado, y ella va al colegio y se ocupa de la casa. De vez en cuando está cansada y decepcionada. Si su madre no . . . ¡ay!, no vale la pena. Estamos solos ahora, y ella está triste.

Necesito pasar más tiempo con Ana. Ella está deprimida, y yo estoy harto de trabajar. Normalmente me llevo bien con ella, pero necesitamos estar juntos. ¿Unas vacaciones? ¿Cómo no? Pero ¿dónde?

¿Madrid? ¿Andalucía?
¿Las Canarias?
¿La Costa Cantábrica?
¿Las Islas Baleares?

Madrid es más caro que las Baleares, la Costa Cantábrica es más montañosa que Andalucía, las Canarias están más lejos que Madrid . . .

¿Y por qué no Méjico? ¡Con el contrato de Empresas Pimentel, Méjico es el mejor de todos! Pero, tengo que hablar con Ana primero . . .

1

¿Cuál es la palabra española para ...? Busca en el diccionario si es necesario.

> tired   excited   disappointed
> fed up   sad   happy
> depressed   stressed

2

Túrnate con tu pareja.

a   **b**   **c**   **d**

e   **f**   **g**   **h**

A — ¿Qué tal estás?

B — Estoy ilusionado.

A — ¿Dibujo **d**?

B — Sí.

Gramática

Ser and estar

In Spanish there are two verbs which mean 'to be', *ser* and *estar*. You use *ser* to talk about the permanent features of a person or thing.

Ana es una chica. (This will not change from day to day.)

Estar is used when you want to talk about temporary characteristics of a person or thing.

Ana está contenta. (She is happy today – tomorrow her mood could change, and she might be sad.)

It is also used for talking about where someone or something is.

Las Canarias están en el Océano Atlántico.

3

Escucha la canción. Apunta las letras de las ilustraciones del ejercicio 2 en el orden en que son mencionadas.

Ejemplo: **d**, …

4

Lee la carta y escribe una respuesta. Contesta las preguntas de Alicia.

En mi familia somos cinco, mi madre, mi padre, mi hermana mayor y mi hermano menor. Me llevo bien con mis padres. Son muy simpáticos, y mi padre es muy divertido. Siempre está haciendo bromas. También me llevo bien con mi hermana. Somos amigas, salimos juntas, intercambiamos ropa y maquillaje y todo eso. Pero no me llevo bien con mi hermano. Es horrible y me fastidia mucho. Es muy perezoso, mal organizado y muy pesado. Y tú, ¿cuántos sois en tu familia? ¿Te llevas bien con tus padres y tus hermanos? Escríbeme pronto.
Un abrazo muy fuerte,

5

Lee el artículo y escribe V (verdadera) o F (falsa) para cada frase.

Ejemplo: **1 F**

La familia en España

La familia es muy importante en España. Generalmente, los miembros de una familia pasan mucho tiempo juntos, sobre todo a la hora de comer. Los abuelos, los padres y los niños quedan en la mesa, comiendo, bebiendo y charlando. En España se llama 'la sobremesa'. Desde los años cincuenta y sesenta todo está cambiando. El divorcio, la separación y los padres sin pareja son más frecuentes hoy en día que antes. Sin embargo, para la mayoría de los españoles, la familia todavía es un símbolo de una vida tradicional.

1 En España la familia no es muy importante.
2 Los miembros de la familia pasan mucho tiempo juntos.
3 No pasan mucho tiempo comiendo.
4 Es lo mismo hoy que en los años cincuenta y sesenta.
5 El divorcio es más frecuente hoy en día que antes.
6 Muchos españoles creen que la familia es importante.

Para ayudarte

Vocabulario
broma (nf) – joke
contento (adj) – happy
contrato (nm) – contract
fastidiar (v) – to pester, bother
intercambiar (v) – to swap
llevarse bien con – to get on well with
maquillaje (nm) – make-up
mayoría (nf) – the majority
padres sin pareja (nmpl) – single parent families
perezoso (adj) – lazy
pesado (adj) – annoying
sobre todo – especially, above all

Mi casete personal

Mi familia
Escribe dos o tres frases sobre tu familia. ¿Cuántos sois? ¿Te llevas bien con tus padres y tus hermanos? Ahora grábalas en tu casete personal.

6

Escribe una frase para cada ilustración.

Ejemplo: Pedro es más alto que Carlos.

1 alto   **2** delgada   **3** viejo   **4** caro   **5** grande

7

Copia las frases y rellena los huecos.

Ejemplo: 1 Javi es el más grande de los chicos.

1 Javi es _____ de los chicos.
2 Pilar es _____ de las chicas.
3 Everest es la montaña _____ del mundo.
4 Montse es _____ de la clase.
5 La bici verde es _____ de todas.

Gramática

Comparing

To compare one thing with another in Spanish you use the phrases
más … que and
menos … que, putting the adjective in the gap.

*Marisol es **más** alta **que** Ana.*	Marisol is taller than Ana.
*Madrid es **más** caro **que** Las Baleares.*	Madrid is more expensive than the Balearic Islands.
*Portugal es **menos** grande **que** España.*	Portugal is smaller than Spain.

To say 'the tallest', 'the most beautiful', etc. you use *el más* (masculine) and *la más* (feminine) before the adjective.

*Esteban es **el más** guapo.*	Esteban is the best looking.
*La Costa Cantábrica es **la más** bella.*	The Costa Cantábrica is the most beautiful.

(In the plural, this becomes **los más** and **las más**.)

To say 'the best of' or 'the best in' you use *de*.

*Méjico es el mejor **de** todo.*	Mexico is the best of all.
*Ana es la más guapa **de** la clase.*	Ana is the prettiest girl in the class.

Watch out for some irregular forms:

bueno	good	mejor	better	el mejor	(the) best
malo	bad	peor	worse	el peor	(the) worst
grande	big	mayor	bigger, greater, older	el mayor	(the) biggest, greatest, oldest
pequeño	small	menor	smaller, less	el menor	(the) smallest, least

8

Lee las cartas y las respuestas. Empareja cada carta con su repuesta.

Carta uno

Estoy triste. Mi padre y yo vivimos juntos en un piso en el centro de la ciudad. Mi padre es un hombre de negocios, y trabaja muchas horas. Yo tengo que hacer todas las tareas domésticas – preparo la comida, paso la aspiradora, lavo la ropa, pongo la mesa, lavo los platos, saco la basura, todo. Tengo que estudiar mucho, y no tengo bastante tiempo para hacer todo. Mi padre no tiene tiempo para ir al cine o a la cafetería. Estoy harta. ¿Qué puedo hacer?

Eucanio

Carta dos

Mi amiga Pilar es más guapa que yo, es más inteligente que yo, es más popular que yo, y es la mejor estudiante de la clase. Yo estoy deprimida porque no puedo competir con ella. Escríbeme pronto con tus consejos.

Clara

Carta tres

No me llevo bien con mi hermano menor. Me fastidia todo el tiempo. No hace nada en casa, duerme hasta mediodia, deja sus cosas por todas partes. Estoy harto. Mis padres no hacen nada porque le adoran – es el bebé de la familia. Estoy muy decepcionado. ¿Qué voy a hacer?

Eduardo.

Para ayudarte

Vocabulario

competir (i) (v) – to compete
huelga (f) – to strike

Respuesta A

Tienes que hablar con tus padres del trabajo que haces en casa a causa del hermanito y de lo perezoso que es. Si no quieren escuchar, ¡hay que declarar la huelga!

Respuesta B

Prepara una comida especial. Mientras que estáis comiendo habla sinceramente con tu padre de los estudios y del trabajo en casa. El no puede, y no debe, trabajar todo el tiempo. No es bueno para la salud. Podéis empezar por mirar vuestro programa favorito en la tele, por ejemplo, para pasar una hora juntos.

Respuesta C

No necesitas competir. Tienes tus propios talentos. ¿En qué estás fuerte? Tienes que concentrarte en estos talentos.

9

Lee las frases. ¿Quién habla?
Apunta F (Felipe) o A (Ana).

Ejemplo: **1** A

1 Me gustaría ir a las tiendas.
2 Me gustaría ir a Andalucía.
3 Me gustaría pedir unos folletos.
4 Me gustaría ir al cine.
5 Me gustaría hablarte de las vacaciones.
6 Me gustaría celebrarlo.
7 Me gustaría dar un paseo en el parque.
8 Me gustaría ir a Madrid.

10

Escucha el casete. ¿Adónde van de vacaciones? Apunta los destinos: M (Madrid), IB (Islas Baleares), LC (las Canarias), CC (Costa Cantábrica), A (Andalucía), B (Barcelona).

Ejemplo: **1** IB

11

Escucha la canción. Apunta las actividades mencionadas.

Ejemplo: **c**, …

 a
 b
 c
 d
 e
 f
 g

Gramática

The past participle

This is the part of the verb which in English means 'done', 'eaten', 'gone', 'said', etc. It is formed by taking the -ar, -er and -ir ending off the infinitive, and adding -ado for -ar verbs and -ido for -er and -ir verbs:

infinitive	stem	past participle	
termin**ar**	termin	termin**ado**	finished
com**er**	com	com**ido**	eaten
viv**ir**	viv	viv**ido**	lived

Some past participles can be used as adjectives.

Está cerrado.   It's closed.   *Está abierto.*   It's open.

12 📖

Lee el anuncio.

Dibuja unos símbolos para explicar lo que hay para los turistas en España.

Ejemplo:

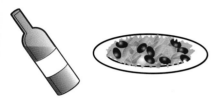

Vinos finos y comida buena

13 📖 ✏️

¿Adónde te gustaría ir de vacaciones? ¿Qué te gustaría hacer? Mira la tabla y haz una lista en orden de prioridad. Comienza con la actividad que más te gusta.

Ejemplo: **1** *Me gustaría tomar el sol en las Islas Baleares.*

ESPAÑA
EL MEJOR DESTINO TURÍSTICO DEL MUNDO.

★ **Un poco de todo –** playas, montañas, paisaje, monumentos, museos.
★ **Ciudades antiguas, pueblos bonitos.**
★ **Arte, historia, música, cultura.**
★ **Vinos finos y comida buena.**
★ **Llame a su agencia de viajes y descubra las maravillas de España, el destino favorito de todo el mundo.**

14 💬 ✥

Túrnate con los miembros de tu grupo. Utiliza un diccionario si es necesario.

A ¿Adónde te gustaría ir de vacaciones?

B Me gustaría ir a Grecia.

B ¿Qué te gustaría hacer?

C Me gustaría tomar el sol en la playa.

Apunta las respuestas, y luego pregunta a otros amigos de clase.

Para ayudarte

Vocabulario
abrir (v) – to open
agencia (nf) de viajes – travel agency
así que – so, therefore
cerrar (ie) (v) – to close
dar (v) una caminata – to go for a hike
montar (v) a caballo – to go horseriding [caballo (nm) = horse]
paisaje (nm) – landscape
parecer (v) – to resemble, be like
tanto – so much

Cómo aprender el vocabulario
Some Spanish words are less difficult than they look, if you break them down into smaller units of meaning. For example, *abrebotellas* breaks down into *abre* (opens) and *botellas* (bottles) – which makes it easier to see that it means 'bottle opener'.

Actividad		Destino
esquiar		Andalucía
montar a caballo		los Pirineos
tomar el sol en la playa		la Costa Brava
hacer windsurf		las Islas Baleares
dar una caminata por la montaña		las Canarias
ir a las tiendas		Madrid
nadar en el mar		la Costa Cantábrica

Mi casete personal

Las vacaciones
Escribe dos o tres frases sobre las vacaciones. ¿Adónde te gustaría ir? ¿Qué te gustaría hacer? Ahora grábalas en tu casete personal.

Papá, Madrid es más interesante que la Costa Cantábrica. Hay tiendas, teatros, cines, restaurantes ...

Sí, pero la Costa Cantábrica es menos cara que Madrid.

Y es más bella que Madrid también.

Papá, las Canarias son tan bellas como la Costa Cantábrica.

Ya lo sé, querida, pero Andalucía está más cerca que las Canarias.

Papá, es imposible.

¡Ay, cariño! ¿Qué vamos a hacer?

No tenemos que decidir ahora. La señora Juárez de las Empresas Pimentel va a visitar Pamplona a fin de mes. Voy a enseñarle la ciudad. ¿Vienes?

Claro, papá. Oye, lo de las vacaciones, pues, me da igual. Podemos quedarnos aquí en Pamplona si quieres. Lo mejor de todo es estar contigo.

15

Escucha el casete y lee las frases. ¿Qué sitio es?

Ejemplo: 1 Andalucía

1 más cerca que las Canarias
2 menos cara que Madrid
3 más interesante que la Costa Cantábrica
4 tan bellas como la Costa Cantábrica

16

Lee las frases y apunta V (verdadero) o F (falso).

Ejemplo: 1 F

1 El Océano Atlántico es el más grande del mundo.
2 El Salto Angel en Venezuela es la cascada más alta del mundo.
3 El río Amazonas es el más largo del mundo.
4 Chimborazo, en Ecuador, es la montaña más alta del mundo.
5 Cerro Aconcagua en la Argentina es el volcán más alto del mundo.
6 El cañón de Colca en el Perú es el más profundo del mundo.

17

Escucha el casete. Empareja cada persona con su destino de vacaciones y la razón.

Ejemplo: Mariluz – Islas Baleares – bailar en las discotecas.

Nombre	Destino de vacación	Razón
Mariluz	Costa Cantábrica	montar a caballo
Pepa	Madrid	bailar en las discotecas
Ignacio	Andalucía	ir a las tiendas
Mikel	Islas Baleares	tomar el sol en la playa
Mila	las Canarias	dar una caminata por las montañas
Juan Carlos	Costa Brava	hacer windsurf

Mi casete personal

Una presentación sobre las vacaciones

Prepara una presentación oral sobre las vacaciones. ¿Adónde vas? ¿Por qué? ¿Qué haces allí? La presentación debe durar un minuto, nada más.

Graba tu presentación en tu casete personal.

18

Escribe una carta a tu corresponsal sobre las vacaciones. Debes mencionar adónde te gustaría ir, lo que te gustaría hacer allí, y por qué.

Ejemplo:

Querido amigo:

Me gustaría ir de vacaciones a las Islas Baleares. Son más bellas que las ciudades, y me gusta el mar. Me gustaría hacer windsurf o tomar el sol en la playa.

Me gustaría también bailar en las discotecas. Es más divertido que visitar los museos y los monumentos. ¡Qué latazo! Las Islas Baleares son más interesantes que Madrid o Barcelona, y Mallorca es la mejor de las islas.

Saludos

John

19

Lee el artículo. ¿Qué deportes se pueden practicar en Pamplona? Escoge los símbolos que convengan.

Mi casete personal

¿Más o menos?

Graba dos o tres frases en tu casete personal sobre lo que te gusta hacer y lo que no te gusta hacer, explicando por qué.

Frases a utilizar:

me gusta; no me gusta; más … que; menos … que; tan … como; el/la más … de todo

Para ayudarte

Vocabulario

al fin – at the end
bello (adj) – beautiful
caro (adj) – expensive
enseñar (v) – to show
extinto (adj) – extinct
mes (nm) – month
partido (nm) – match, game
profundo (adj) – deep
¡qué latazo! – what a bore!
ruta (nf) – route
sitio (nm) – place
volcán (nm) – volcano

Pamplona deportiva

EN PAMPLONA hay muchos polideportivos y piscinas municipales distribuidos por toda la ciudad. Se puede hacer jogging en los parques, o hay muchos gimnasios donde se puede practicar aeróbic, squash o artes marciales. Se puede ver un partido profesional de pelota, el juego típico de la región, en el frontón de Huarte, a unos 5 km de Pamplona. La región de Pamplona también ofrece muchas rutas atractivas para los aficionados de la bicicleta, y para los amantes del golf hay el Club Ulzama, a unos 21 km por la carretera de Irún. En la laguna La Morea en Beriáin, a unos 8 km, se puede practicar vela, windsurf o equitación, y se puede asistir a un partido de fútbol durante la temporada en el Estadio de El Sadar, donde juega el equipo del Club Atlético Osasuna.

Un partido de pelota

¿Adónde vamos con la señora Juárez, papá?

Pues, no sé. ¿Qué opinas tú?

La ciudad antigua, por cierto. Está la Plaza del Castillo, que es muy animada . .

. . . o se puede dar un paseo por el Parque de la Media Luna. Me gusta mucho, porque es un parque que tiene muchas flores y pérgolas.

Se puede visitar la catedral, que es muy impresionante,

. . . y también está la Ciudadela, que es muy interesante,

20

Lee el texto y escucha el casete. ¿De qué se trata? Empareja los sitios con las descripciones.

Ejemplo: **1 d)**

1 Es el sitio que tiene flores.
2 Es el edificio que es muy impresionante.
3 Es el sitio que es magnífico.
4 Es el sitio que es muy interesante.
5 Es el sitio que es muy animado.

a) El Salón del Trono
b) La Ciudadela
c) La Plaza del Castillo
d) El Parque de la Media Luna
e) La Catedral

Gramática

To talk about local attractions or things to do and places to go in your area, you can use:
● *hay* … for a straightforward list
● *se puede* + infinitive for things to do or see.

Hay un polideportivo, restaurantes …
Se puede visitar el castillo.
Se puede dar un paseo en el parque.

Write more things to do, using *hay* and *se puede*. Use your dictionary if necessary.

21

Escucha el casete. Escribe los sitios en el orden de la cinta.

Ejemplo: **1** *la Ciudadela*

Parque de la Taconera
Ronda del Obispo Barbazán
Museo de Navarra
la Ciudadela   Museo Diocesano
la Iglesia de San Lorenzo

. . . o se puede visitar el Palacio de Navarra. Se puede ver el Salón del Trono, que es magnífico.

Se pueden hacer muchas cosas y hay mucho que ver, ¿no?

22

Túrnate con tu pareja. Mira los dibujos de abajo y los de la página 120.

Ejemplo:

A ¿Qué hay que ver en Pamplona?

B Se puede ir de compras.

Gramática

Using *que* to say 'which' or 'that'

You can use the word *que* to link two short sentences to make a longer one. It is called a 'relative' pronoun because it 'relates' one part of the sentence to the other.

Hay la catedral. Es impresionante.
Hay la catedral que es impresionante.

Compro pan en el pueblo. Es bueno.
El pan que compro en el pueblo es bueno.

So *que* means 'which' or 'that'. We often miss these words out in English, but *que* is never omitted in Spanish.

23

Escribe un artículo o un poema sobre tu pueblo o ciudad. ¿Qué hay que ver? ¿Qué hay de interés para los turistas? ¿Qué se puede hacer? Utiliza fotos o dibujos para ilustrar el artículo o el poema.

Para ayudarte

Vocabulario
animado (adj) – busy
cierto (adj) – certain (por cierto = certainly)
¿de qué se trata? – what's it about?
edificio (nm) – building
impresionante (adj) – impressive
opinar (v) – to think

Para ayudarte a hablar
To improve your fluency, try preparing a short recording on some familiar topics. Prepare a few sentences and record them, trying to speak without long pauses. Another way to help you get used to speaking fluently in Spanish is to record yourself reading a piece of text – for example, one of the letters in this unit, or the text on families in Spain on page 113. Ask your teacher to listen to the recording and give you advice on how to improve your performance.

¿Estás lista?

Un momento, papá. He perdido mi monedero. Ah, aquí está.

Yo tengo dinero. ¿Has cerrado la ventana de tu dormitorio?

Sí, papá, he cerrado la ventana.

¿Y has quitado la mesa?

Sí, papá, he quitado la mesa.

¿Y has sacado la basura?

Sí, papá, he sacado la basura.

¿Y has terminado los deberes?

Sí, papá, he terminado los deberes.

Bueno, vamos. Tengo hambre.

Pero papá, ¡has dejado la puerta abierta!

24

Lee el texto y escucha el casete. Empareja las frases con las ilustraciones.

Ejemplo: **1 d**

1 He terminado mis deberes.
2 He quitado la mesa.
3 He dejado la puerta abierta.
4 He perdido mi monedero.
5 He sacado la basura.
6 He cerrado la ventana.

a   b   c

d   e   f

Gramática

The perfect tense

This tense is used to describe an action which has been finished. You use it to talk about things you have done. It has two parts to it:

The present tense of *haber* tells you who has done the action. It means 'have' or 'has'.

+

the past participle of the action verb. This part of the verb tells you what action has taken place, e.g. 'closed', 'eaten', etc – see page 116.

You will need to know all the parts of the verb *haber*:

he – I have
has – you (singular, informal) have
ha – he/she/it has, you (singular, formal) have
hemos – we have
habéis – you (plural, informal) have
han – they have, you (plural, formal) have

Now put the two parts of the tense together.
He sacado la basura. I have taken the rubbish out.
Hemos comido todo el queso. We have eaten all the cheese.
¿Has venido en coche? Have you come by car?

It is important to note that the two parts of the tense can never be separated by other words, so the negative goes in at the beginning of the expression.
***No** he hecho mis deberes.* I haven't done my homework.

25

Túrnate con tu pareja.

A ¿Has pasado la aspiradora?

B Sí, he pasado la aspiradora.

No, no he pasado la aspiradora.

26

Tu corresponsal ha salido para comprar regalos para su familia, y deja este recado. ¿Qué ha hecho antes de salir? Escribe el recado en inglés.

> He salido para comprar regalos para mi familia. He quitado la mesa y he lavado los platos. He arreglado mi dormitorio y he hecho mi cama. No he pasado la aspiradora – no he tenido tiempo. He terminado el zumo de naranja de la nevera. Voy a comprar otro paquete en el supermercado. Hasta pronto,
>
> Javier.

27

Estás en casa de tu corresponsal en España. Has hecho unas tareas domésticas. Escribe una nota en español para decir qué has hecho. Para el vocabulario mira la Unidad 2.

28

¿Has hecho algo especial en la vida? ¿Has visto a algún actor de cine, o un cantante muy famoso? ¿Has visitado un país exótico de vacaciones? ¿Quieres fanfarronear un poco? Haz un póster con una descripción y unas ilustraciones. Utiliza un diccionario si es necesario.

He visitado la luna de vacaciones.

29

Escucha el mensaje de Ana en el contestador automático. ¿Qué ha hecho antes de salir con Maite? Escoge las ilustraciones que convengan.

Para ayudarte

Vocabulario

contestador (nm) automático (adj) – answerphone

extranjero (nm) – other countries (ir al extranjero = to go abroad)

fanfarronear (v) – to boast

recado (nm) – message

Para ayudarte a hablar

If you forget the name of an object, say something about it which will give a clue. Can you say what size, colour, material it is, or what it is used for or where? See if you can work out what these objects are.

1 Es una cosa que está en la mesa. Se utiliza para cortar la carne.

2 Es pequeño. Se utiliza para beber el café.

3 Es de plástico. Puede ser azul, rojo, negro o verde. Se utiliza para escribir.

4 Es una cosa que está en el cuarto de baño. Sirve para secar las manos.

5 Es una pequeña parte del uniforme escolar. Se lleva con la camisa.

Mi casete personal

He ido a ...

¿Has ido al extranjero? ¿Has comido paella? ¿Has visitado una ciudad española? ¿Has pasado las vacaciones en las Islas Canarias? ¿Has tomado el sol en una playa española? Prepara y graba unas frases para contestar las preguntas.

Gramática

Using adjectives to describe people

Remember, adjectives need to match the nouns they are describing – masculine with masculine, plural with plural, etc.

un vestid**o** roj**o**	a red dress
una chaquet**a** negr**a**	a black jacket
los oj**os** verd**es**	green eyes
unas zapatill**as** blanc**as**	white trainers

Remember also that adjectives usually come after the noun they are describing.

Some important past participles

Look again at the information about past participles on page 116. Some of the most useful verbs have irregular past participles. It is worth learning this list by heart so that you can use these verbs in the perfect tense.

abrir	to open	abierto	opened
decir	to say	dicho	said
escribir	to write	escrito	written
hacer	to do	hecho	done
morir	to die	muerto	died
poner	to put	puesto	put
romper	to break	roto	broken
ver	to see	visto	seen
volver	to return	vuelto	returned

30

Empareja las frases con las ilustraciones.

Ejemplo: **1 b**

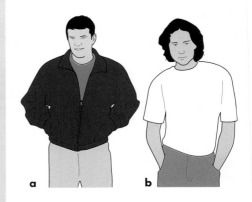

a   b

1 los ojos azules
2 el pelo corto y negro
3 unos vaqueros azules
4 los ojos verdes
5 el pelo largo y negro
6 una camiseta verde
7 una camiseta blanca
8 una chaqueta de cuero negro

31

Túrnate con tu pareja.

a) 2.900 ptas
b) 3.200 ptas
c) 4.400 ptas
d) 3.500 ptas
e) 1.900 ptas
f) 4.600 ptas

Ejemplo:

A ¡Oiga, camarero! La cuenta, por favor. ¿Cuánto es en total?

B Mil novecientas pesetas, por favor.

A ¿Letra *e*?

B ¡Correcto!

32

Escucha las descripciones. ¿Quién es? Empareja las descripciones con las fotos. ¡Atención! Hay una descripción que sobra.

Ejemplo: **1c**

a   b   c   d

33

Empareja las descripciones con las ilustraciones.

Ejemplo: **1 c**

Se busca   Se busca   Se busca   Se busca

a   b   c   d

1 Tiene el pelo largo y castaño, con los ojos marrones, bastante delgado. Lleva una camisa roja y una chaqueta negra.
2 Tiene el pelo largo y rubio, con los ojos verdes, bastante delgada. Lleva una blusa blanca.
3 Tiene el pelo corto y negro, con los ojos azules, bastante gordo. Lleva una camiseta azul.
4 Tiene el pelo corto y castaño, con los ojos negros, bastante gorda. Lleva un vestido verde.

Para ayudarte

Vocabulario

blusa (nf) – blouse
chaqueta (nf) – jacket
delgado (adj) – thin, slim
en seguida – immediately
espaguetis (nmpl) – spaghetti
flan (nm) – caramel pudding
gamberro (nm) – hooligan, lout
gaseosa (nf) – lemonade
gordo (adj) – stocky, fat
ladrón (nm) – thief
parar (v) – to stop
¡perdón! – sorry!
pollo (nm) – chicken
trucha (nf) – trout
vaqueros (nmpl) – jeans

34

Escoge o inventa un personaje. Utiliza una foto o dibuja la persona. Escribe una descripción debajo de la foto o el dibujo.

Mi casete personal

Una descripción
Escribe dos o tres frases para describir un miembro de tu familia, o un amigo. Grábalas en tu casete personal. Mira los ejercicios 32, 33 y 34 antes de empezar.

Ya lo sé

A Poema

Lee el poema. Escribe las letras de las fotos en el orden del poema.

PAMPLONA

Visita la Ciudadela que es muy interesante,
Un partido de Osasuna, ¡ay, qué emocionante!
Hay parques, hay tiendas, restaurantes, bares, cines,
Y el día siete de julio los famosos Sanfermines.
Un ambiente acogedor, donde puedes relajarte,
Con el vino y la comida, la historia y el arte.
Se puede ir de compras o ver los monumentos.
Hay algo para todos –¡Pamplona es tremendo!

Ejemplo: e, …

B Una carta

Escribe una carta a la Oficina de Turismo de Pamplona. Quieres obtener información sobre:

• los monumentos
• los sitios de interés
• los deportes
• las fiestas
• las tiendas
• los restaurantes
• la región en general

Dirección:
Duque de Ahumada
Pamplona

C Un póster

Haz un póster turístico de Pamplona. Utiliza la información en este libro, o los folletos sobre la ciudad.

D Un diálogo

Escribe un diálogo en un restaurante. Escoge una de estas escenas:

• El camarero es muy descortés, indiferente o sordo.
• El camarero se equivoca, y trae platos incorrectos.
• Hay un error en la cuenta, pero el camarero no lo cree.
• Hay una disputa entre dos clientes – el padre que trabaja muchas horas, y el niño que nunca pasa tiempo con él, por ejemplo.
• Es el cumpleaños de un amigo. ¿Qué regalos recibe en el restaurante?

Utiliza un diccionario. Con un amigo, graba el diálogo.

E Las Fiestas de San Fermín

1 Lee este artículo sobre las Fiestas de San Fermín en Pamplona. Utiliza un diccionario para buscar las palabras nuevas. Apunta lo que significan en inglés.
2 Escribe una descripción de las fiestas en inglés para un amigo que no habla español.

Las Fiestas de San Fermín

A las doce en punto del día seis de julio, hay una explosión en el cielo encima de Pamplona. Es el cohete que anuncia el comienzo de una de las fiestas más populares del mundo, las Fiestas de San Fermín. Las fiestas duran nueve días, y hay mucho que ver y hacer en Pamplona durante estos días. Hay mucha movida en las calles, y se puede oír música, se puede cantar y bailar, beber y comer, y las calles están llenas de alegría y de buen humor.

Es una fiesta del toro también, y cada mañana hay un 'encierro de toros'. Durante el encierro los toros corren por las calles hacia la Plaza de Toros. Los hombres jóvenes de Pamplona, todos vestidos en los colores tradicionales, camisa, pantalón, y zapatos blancos con un cinturón de material rojo y un pañuelo rojo al cuello, corren delante de los toros. Llevan un periódico en la mano, y cuando un toro está demasiado cerca, golpean* el toro en el hocico. Es muy peligroso, y de vez en cuando hay accidentes cuando un joven cae* en la calle y puede resultar herido o muerto, embestido por los toros.

Hay una canción tradicional que se canta sobre Los Sanfermínes. ¡Aprende la canción y cántala!

Uno de enero
Dos de febrero
Tres de marzo
Cuatro de abril
Cinco de mayo
Seis de junio
Siete de julio San Fermín
A Pamplona hemos de ir, con una media, con una media,
A Pamplona hemos de ir con una media y un calcetín.

* ¡Atención – verbo!

F Se busca

Haz un póster de un personaje famoso, un profesor, un hermano, o un amigo, como en el ejemplo. Escribe la descripción de la persona. Utiliza un diccionario si es necesario.

SE BUSCA

Tiene cuarenta y dos años. Mide un metro ochenta y nueve. Tiene el pelo corto y marrón, sin barba ni bigote, y los ojos marrones. Lleva un jersey azul.

G Una encuesta

Haz una encuesta en tu clase. Busca una persona que:
… ha visitado España.
… ha comido paella.
… ha escrito a un corresponsal español.
… ha encontrado a una persona española en Inglaterra.
… ha visitado las Islas Baleares.
… ha visitado las Canarias.
… ha comido churros.
… ha bebido chocolate caliente.
… ha montado en caballo.
… ha esquiado.
… ha hecho windsurf.
… ha nadado en el mar en España.
… ha tomado el sol en la playa en España.
… ha hecho camping en España.

Utiliza un diccionario si es necesario. Apunta los resultados.

H Una fiesta

Escribe unas frases sobre una fiesta en la que participas, por ejemplo Navidad, Diwali, Eid, Hanukah. ¿Qué se come de especial? ¿Hay ceremonias especiales? ¿Se dan regalos? ¿Hay fuegos artificiales o algo así? ¿Se viste un traje tradicional?

Graba las frases en tu casete personal, y luego habla a la clase sobre la fiesta. Utiliza fotos, dibujos o objetos típicos para ilustrar la presentación.

Háblame sobre lo que pasó el día del accidente. No sé cómo ese coche no te vio.

Pues el coche llegó de repente a toda velocidad. No pudo pararse. Era demasiado tarde cuando lo vi. ¡Qué susto!

¡Ay madre mía! ¿Y qué te pasó después?

Alguien llamó la ambulancia pero tardó casi 50 minutos en llegar. ¡Qué horror! Alguien me puso una manta encima. Al llegar la ambulancia, me llevaron al hospital. Vi al médico. Allí se dieron cuenta de que tenía una pierna rota.

¿Qué hicieron entonces?

Me operaron, me pusieron unos puntos y después me escayolaron la pierna como la ves hoy.

Pero ¿estás bien ahora?

Pues bastante bien, pero me duele un poco la cabeza.

1

Lee y escucha el diálogo y empareja las frases de las dos columnas.

Ejemplo: 1 e)

1 Me llevaron
2 Alguien me puso
3 Alguien llamó
4 La ambulancia
5 Me pusieron
6 El coche

a) la ambulancia.
b) llegó a toda velocidad.
c) unos puntos.
d) una manta encima.
e) al hospital.
f) tardó casi una hora.

2

El texto de los dibujos se ha mezclado. Identifica el orden lógico.

Ejemplo: b), …

a) Llevaron a Miguel al hospital.
b) Un coche le causó un accidente.
c) Escayolaron la pierna.
d) Vió al médico.
e) Una ambulancia llegó 50 minutos después del accidente.
f) Le operaron.

Gramática

Talking about the past – using the preterite tense

There are different tenses you can use to talk about what happened in the past. In Spanish the preterite tense is the one used most often. There are only two patterns that you need to know for regular verbs, because -er and -ir verbs have the same endings in the preterite. Here are the patterns:

cantar

cant**é** – I sang
cant**aste** – you sang
cant**ó** – he/she/it sang, you sang
cant**amos** – we sang
cant**asteis** – you sang
cant**aron** – they sang, you sang

comer

com**í** – I ate
com**iste** – you ate
com**ió** – he/she/it ate, you ate
com**imos** – we ate
com**isteis** – you ate
com**ieron** – they ate, you ate

vivir

viv**í** – I lived
viv**iste** – you lived
viv**ió** – he/she/it lived, you lived
viv**imos** – we lived
viv**isteis** – you lived
viv**ieron** – they lived, you lived

Some common verbs have irregular preterite forms, for example *hacer* and *poner*:

¿Qué hiciste ayer?
Alguien me puso una manta encima.

Some more irregular preterites of useful verbs are given in Unit 10.

3

Escribe lo que hiciste ayer.

Ejemplo: Ayer visité a mi amiga, comimos en casa pollo y patatas fritas, después tomamos un café en el centro. Después bailamos en una discoteca.

4

Empareja los dibujos con lo que oyes en el casete.

Ejemplo: **1 c**

a   b   c   d   e   f

5

Utiliza los dibujos para hablar en grupos.

1   2

Ejemplo:

A — ¿Qué hiciste ayer?

B — Ayer lavé la ropa. ¿Qué hiciste ayer?

C — Ayer estudié.

6

Escucha el texto y rellena los huecos con los verbos que faltan.

Ejemplo: **(a)** *decidimos*

Ayer mi padre y yo **(a)** _____ ir a un restaurante. **(b)** _____ de los planes para las vacaciones. Nos **(c)** _____ la idea de estar juntos en Pamplona para descansar. **(d)** _____ y **(e)** _____ mucho. Mi padre **(f)** _____ la cuenta. De repente un chico **(g)** _____ su cartera. Mi padre **(h)** _____ a la policía inmediatamente.

Mi casete personal

Lo que hiciste ayer

Graba unas frases sobre lo que hiciste ayer por la tarde.

Ejemplo: Ayer comí tortilla y patatas fritas. Miré la televisión. Leí un libro. Estudié y me acosté temprano.

3   4

5   6

7   8

9   10

Para ayudarte

Vocabulario

a toda velocidad – at full speed/flat out

allí (adv) – there

darse (v) cuenta de – to realise (something)/be aware of

de repente (adv) – suddenly

descansar (v) – to rest

encima (adj) – on top

era – it was

escayolar (v) – to put in plaster

manta (nf) – blanket

pararse (v) – to stop

¡qué susto! – what a fright!

¿Sabéis que el miércoles es el cumpleaños de Miguel, y está en el hospital? ¿Qué sorpresa podemos organizar para él?

1

Lo malo es que de momento se siente cansado. Sería mejor quizás organizar algo después de su salida, ¿no te parece?

2

No, lo mejor para mí es ir al hospital, así no se lo espera. Le causa más alegría, y vamos a ayudar a Miguel a ponerse mejor pronto.

3

Sí, lo bueno de ese hospital es que dejan entrar a seis personas a la vez para ver a los enfermos, así podemos ir todos.

4

Lo difícil es que no hay mucho tiempo para hacer toda las compras.

5

7

Escucha el texto y empareja las expresiones con los dibujos a–d abajo.

1 lo bueno
2 lo difícil
3 lo malo
4 lo mejor

Gramática

lo + adjective = the ... thing ...

A good way of giving an opinion about something is to use *lo* followed by an adjective. This is particularly useful when you want to talk about pros and cons.

¿El uniforme escolar? Pues, **lo bueno es que** *no hay que pensar en la ropa para el instituto,* **lo malo es que** *no es ni cómodo ni práctico.*

The personal *a*

Whenever the object of a verb is a person, the 'personal *a*' goes in front:

Visité **a** *Miguel en el hospital ayer. Conozco* **al** *médico.*

a

b

c

d

8

Clasifica las opiniones. Para cada opinión escoge B (Lo bueno es que ...) o M (Lo malo es que ...).

Opiniones
1 Hay parques y monumentos.
2 Tengo muchos amigos.
3 Es muy divertido.
4 Es bueno para la salud.
5 Cuesta dinero.
6 Hay mucho tráfico.
7 Se puede relajar.
8 Es un poco aburrido.
9 Hay muchos deberes.
10 Hay mucha diversión.

9

Escucha la canción. Copia y completa la tabla.

	Ventajas	Inconvenientes
Vivir en el campo		
Llevar uniforme escolar		
Vacaciones en la montaña		

10

Mira el catálogo de regalos de abajo y completa las frases.

1 ...lo bueno es _____
2 ...lo malo es _____
3 ...lo peor _____
4 ...lo mejor _____
5 ...lo fenomenal _____
6 ...lo fantástico _____

1.200 ptas

150 ptas

375 ptas

225 ptas

645 ptas

256.987.00 ptas

Ejemplo: Me gusta mucho el ordenador pero lo malo es que es muy caro.

verde caras barato amarilla
azules caro roja
verdes caros negra rojos

11

Lee la carta. Después escribe una carta a tu corresponsal sobre tu último cumpleaños.
¿Qué regalos recibiste?
¿De quién?

12

Escucha el casete y empareja los diálogos con los dibujos.

a   b   c   d

e   f   g

Mi casete personal

Regalos

Graba unas frases sobre los regalos que recibiste para tu último cumpleaños. Mira la carta que escribiste sobre este tema para el ejercicio 11.

Querida Juana:

La semana pasada fue mi cumpleaños. ¡Qué alegría y qué bien lo pasé! Recibí muchos regalos de mi familia y mis amigos. Mi madre me dio una bicicleta azul estupenda. Mis abuelos me dieron dinero, mis tíos me regalaron ropa, y mis amigos me dieron unos CDs, chocolates, perfume...

Para ayudarte

Vocabulario
alegría (nf) – joy
cansado (adj) – tired
enfermo (nm) – patient
peor (adj) – worse/worst
último (adj) – last
a la vez (adv) – all together, at the same time

Para ayudarte a escribir
How do you check that what you have written is correct? It helps if you have a system. Try using the checklist below – copy it out and use it next time you write a piece in Spanish.

Nouns – correct gender?
Adjectives – correct ending to match the noun? Correct position?
Verbs – correct tense? Is it regular or irregular? Correct ending for the person?
Spelling – double letters? Accents?

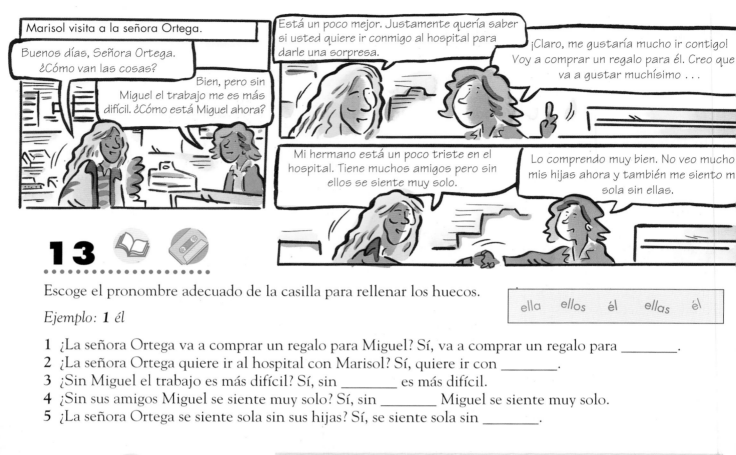

13 📖 ▨

Escoge el pronombre adecuado de la casilla para rellenar los huecos.

Ejemplo: **1** *él*

| ella | ellos | él | ellas | él |

1 ¿La señora Ortega va a comprar un regalo para Miguel? Sí, va a comprar un regalo para _____.
2 ¿La señora Ortega quiere ir al hospital con Marisol? Sí, quiere ir con _____.
3 ¿Sin Miguel el trabajo es más difícil? Sí, sin _____ es más difícil.
4 ¿Sin sus amigos Miguel se siente muy solo? Sí, sin _____ Miguel se siente muy solo.
5 ¿La señora Ortega se siente sola sin sus hijas? Sí, se siente sola sin _____.

14 💬

Túrnate con tu pareja.

A – Invita a tu pareja.
B – Acepta o rechaza la invitación y da una razón.

Ejemplo:

A
> ¿Quieres venir conmigo al polideportivo hoy?

B
> Sí, quiero ir contigo. Podemos jugar al tenis o al squash.

> No gracias, hoy no puedo ir contigo, tengo muchos deberes y tengo que ayudar a mi padre.

Gramática

Using pronouns with prepositions

Look back at page 18 in Unit 2, to revise pronouns. Remember that in Spanish pronouns are normally used only for emphasis or if you need to clarify who you are talking about. However, they are also often used after prepositions such as:

sin – without	*para* – for
con – with	*detrás de* – behind
a – to	*de* – from

sin ti	without you (singular, informal)
detrás de mí	behind me (the accent on *i* shows it is not *mi* = 'my')
sin él	without him/it (the accent shows it is not *el* = 'the')
con ella	with her/it
para nosotros	for us
con vosotros	with you (plural, informal)
a ellos	to them

NB with *con* the first and second persons singular become **conmigo** ('with me') and **contigo** ('with you').

*¿Te gustaría venir **conmigo**?*
*Quisiera bailar **contigo**.*

15

Lee la invitación y decide si las frases son verdaderas o falsas. Escribe V o F.

Querida Alicia:
Quisiera invitarte a mi cumpleaños la semana que viene. Mis padres dicen que puedo organizar una fiesta en casa con quince de mis amigos. Te quiero invitar a ti primero porque eres mi mejor amiga y si quieres puedes ayudarme con la organización. ¿Puedes ocuparte de la música? Si vienes conmigo de compras el jueves, vamos a comprar toda la comida y las bebidas. Me gustaría ir contigo también a comprar un vestido nuevo para la fiesta. ¡Qué bien! Me encantan los cumpleaños. A ti también ¿verdad?
Escríbeme pronto. Besos.
Luisa

1 Se va a celebrar el cumpleaños de Alicia.
2 El cumpleaños es esta semana.
3 A Alicia le gustan las fiestas.
4 Luisa puede invitar a 50 de sus amigos.
5 Luisa quiere ir sola a comprar su vestido.

16

Escribe una nota a tu amigo/a español/española: invítale a salir contigo o a venir a una fiesta. Mira la carta de Luisa para ayudarte.

17

Escucha los mensajes en el contestador automático. Copia y completa la tabla de abajo.

	¿quién?	¿adónde?	otros detalles
Ejemplo: 1	Juan	patinar	ir al centro en autobús

18

Un fin de semana: actividades

viernes
- Visita del museo de cerámica a partir de las 10.30 horas.
- Merienda en el campo. Llevar cada uno sus bocadillos.
- Discoteca Barbarela a partir de las 23.00 horas.

sábado
- Playa y natación.
- Tarde libre.
- Concierto de música pop y baile a las 21.00 horas.

domingo
- Visita del castillo antiguo con guía.
- Restaurante "La pesca" a las 14.00 horas.
- Excursión a la playa. Natación y concurso de voleibol.

Lee el programa para los jóvenes y decide si las frases son verdaderas (V) o falsas (F).

1 Puedes ir dos veces a bañarte.
2 El concierto de música pop empieza a las ocho de la tarde.
3 La visita del castillo va a ser con comentarios.
4 La comida está incluida en la merienda.
5 Hay tiempo libre incluido en el programa.

Mi casete personal

Invitaciones
Graba en tu casete personal frases para:

1 Invitar a tu amigo a salir contigo.
2 Aceptar una invitación.
3 Rechazar con cortesía una invitación y dar una razón por qué no puedes salir.

Para ayudarte

Vocabulario
comentario (nm) – commentary
cortesía (nf) – politeness
justamente (adv) – precisely/just
mensaje (nm) – message
merienda (nf) en el campo (nm) – picnic
patinar (v) sobre hielo (nm) – ice-skating
polideportivo (nm) – sports centre
rechazar (v) – to reject

Cómo aprender el vocabulario
Write out new words on slips of paper. Turn them face down and remove one slip without looking at it. Turn over the rest of the slips and see if you can remember which one is missing. Gradually increase the number of slips you remove.

> Ahora hermano, ¿cómo te sientes el día de tu cumpleaños?

> Regular, me duele la cabeza y también me duele la pierna. ¿Me has traído un regalo?

> Pues sí, creo que va a gustarte, mira . . .

> ¡Qué bien! Un CD de 'Los Lobos Rojos', te acordaste de que es mi grupo favorito.

> Pero ¿nadie más de la familia se ha acordado de mi cumpleaños?

> Pues sí . . . ¡Qué lástima! ¿No te han llamado por teléfono?

> ¡Qué va! Ni siquiera una postal . . . todos me han olvidado. Dieciocho años y en el hospital en vez de hacer una fiesta . . . ¿Te acuerdas de la fiesta que hicimos el año pasado?

> Sí, bailaste mucho y todos tus amigos cantaron una canción muy divertida que inventaron ellos.

> Sí, lo pasamos bomba. Claro que no voy a bailar este año.

19

Empareja las frases de las dos columnas.

Ejemplo: **1 d)**

1 Hoy es el cumpleaños de Miguel
2 Está triste porque
3 Nadie más
4 Su hermana
5 Marisol se acordó
6 El año pasado

a) se ha acordado de su cumpleaños.
b) le ha traído un regalo.
c) Miguel bailó mucho en la fiesta.
d) pero está en el hospital.
e) sus padres no han venido a verle.
f) del nombre de su grupo favorito.

Gramática

You know that the preterite tense is used to talk about actions or events which were completed some time ago.

The perfect tense (look back at page 122) is used, as in English, to talk about a more recent action or event.

*Sí, mamá, **he arreglado** mi dormitorio.*

20

Con tu pareja haz preguntas y respuestas según el ejemplo.

Ejemplo: **1**

A — ¿Has hecho tus deberes?

B — No, pero he lavado el coche.

1   2   3   4   5   6

21

¿Qué pasó?
Escribe una frase para cada imagen para describir lo que pasó la semana pasada.

Ejemplo: **1** *Vi la televisión.*

1   2   3   4   5

22

Escucha el casete. Copia la tabla y apunta los detalles del robo.

Día	Hora	Tiempo	¿Qué pasó exactamente?

23

 El botiquín

1 Empareja las palabras con los dibujos. Utiliza un diccionario.

Ejemplo: **a** *las tiritas*

a

b

c

d

e

f

g

h

i

> el jarabe   las tijeras   las aspirinas   el algodón   el tubo de crema
> el termómetro   la venda   las tiritas   las pastillas

2 Copia y completa las frases. Utiliza las palabras de la casilla de arriba.

  a) Cuando te has cortado el dedo, se utiliza …
  b) Cuando tienes tos, se utiliza …
  c) Cuando tienes una herida grave, se utiliza …
  d) Cuando tienes fiebre, se utiliza …
  e) Cuando tienes que limpiar una herida, se utiliza …
  f) Cuando tienes una quemadura o picadura de insecto, se utiliza …
  g) Cuando hay que cortar una venda, se utiliza …
  h) Cuando te duele la garganta, se utiliza …
  i) Cuando te duele la cabeza, se utiliza …

¡Qué aburrido! Estoy harto de todo esto.

Miguel, ¿quieres ir al salón para ver un poco la tele? Creo que hay una carrera ciclista . . . ¿Quieres verla?

¡Qué buena idea! Llévame ahora en la silla de ruedas!

Vale, vamos ahora.

¡Feliz cumpleaños, Miguel!

Pero . . . ¡qué sorpresa! . . . No puedo hablar – ¡No me habéis olvidado!

Te hemos traído una sorpresa. Mira . . .

¡Una bicicleta nueva! ¡Qué maravilla!

¡Qué bonita! ¿Te gusta, Miguel?

Me encanta . . . Pero ¡qué frustración! ¡Quisiera probarla inmediatamente! ¡Mil gracias! Éste es el mejor cumpleaños de mi vida. Nunca voy a olvidarlo.

Gramática

Adding *lo*, *la* etc. to infinitives

When two verbs go together, the second verb is always an infinitive.

Quisiera **comprar** una bici.	I'd like to buy a bike.
No puedo **comer** los churros.	I can't eat churros.
Voy a **escribir** a mi abuela.	I'm going to write to my gran.

When an object pronoun is also used, it is often added to the end of the infinitive.

Quisiera **comprarla**.	I'd like to buy it.
No puedo **comerlos**.	I can't eat them.
Voy a **escribirle**.	I'm going to write to her.

Expressing your reactions

There is a range of useful expressions in Spanish which you can use to show your reaction to something. The pattern is simple:

¡qué ...! + noun or adjective

¡Qué tonto!	How silly!
¡Qué sorpresa!	What a surprise!
¡Qué triste!	How sad!
¡Qué maravilla!	How wonderful!
¡Qué susto!	How scary!
¡Qué aburrido!	How boring!

24

Empareja los dibujos con las expresiones.

1

2

3

4

5

a) ¡Qué maravilla!
b) ¡Qué susto!
c) ¡Qué aburrido!
d) ¡Qué tonto!
e) ¡Qué sorpresa!

25

Con tu pareja da tu opinión sobre estas actividades.

Ejemplo:

A ¿Te gustaría ir al cine hoy?

B Sí, ¡qué interesante! Hoy ponen una película excelente.

¡Qué lástima! No puedo ir contigo, tengo muchos deberes.

26

Trabajo con diccionario

Escribe una lista de regalos para personas famosas. Utiliza tu diccionario.

Ejemplo: Para la reina voy a comprar un nuevo perro.

27

Busca y escribe las palabras españolas.

a birthday cake
celebrations
candle
saint's day
calendar

28

 Un poema

Lee el poema. Dibuja los regalos que recibió esta persona para su cumpleaños. ¿Puedes ilustrar los regalos que no recibió?

Ayer fue mi cumpleaños.
Me compraron
Ropa
Unos CDs
Casetes vídeo
Chocolate
Pósters
Libros
Una máquina fotográfica
Un walkman
Un reloj de oro
¡Qué suerte!
¡Qué ilusión!
No me compraron
Comida para los hambrientos
Trabajo para los parados
Medicamentos para los enfermos
Abrigo para los sin hogar
Paz para las víctimas de guerra
Esperanza para un mundo contaminado
¿Qué suerte?
¿Qué ilusión?

29

Escucha el casete y empareja las personas con sus regalos.

Ejemplo: María – 1, 10

Mi casete personal

Un cumpleaños ideal
Imagina y describe un cumpleaños fantástico.
¿Qué regalos te regalaron?
¿Quién invitaste a la fiesta?
¿Qué pasó?

A los españoles les gustan muchísimo las fiestas. Como en Inglaterra los españoles celebran un cumpleaños con una tarta de cumpleaños y velas encima. Pero no solamente se celebra el cumpleaños, sino que se celebra también otro día especial durante el año. Ese día se llama el día del santo. Los españoles suelen escoger nombres de santos para sus hijos. Es una tradición católica de buscar un nombre en el calendario, donde figuran los nombres de todos los santos católicos. Por ejemplo, el día de San Miguel es el 29 de septiembre.

Esteban visita a Miguel en el hospital.

1 ¡Esteban! ¡Hola, primo! ¡Qué sorpresa tan fabulosa!

2 Tus padres me contaron tu accidente. ¡Qué horrible! ¡Qué tonto fui! La próxima vez voy a mirar muy bien lo que pasa en la calle.

3 Pero lo terrible es que ahora no puedo trabajar y mi jefa, la señora Ortega, que está aquí, necesita a alguien. Señora Ortega . . . quisiera presentarle a mi primo y gran amigo Esteban.

4 Encantada, Esteban. Y yo encantado de conocerla a usted.

5 Miguel te ha explicado lo complicado de la situación. Tengo muchos problemas sin él – ¡Qué calamidad!

6 Tengo una idea . . . lo malo es que no puedo moverme de momento pero lo bueno es que otra persona puede ayudarla en seguida. Esteban no trabaja de momento. Es un chico serio que puedo recomendarle, Señora Ortega.

7 ¡Qué buena idea, Miguel! Bueno, Esteban, si quieres un trabajo tienes que presentarte mañana en la tienda con tu curriculum vitae para hablar un poco más conmigo.

8 De acuerdo, Señora. Estaré allí a las nueve en punto.

30

Mira los dibujos y emparéjalos con estos títulos:

a) La señora Ortega está desesperada
b) Miguel es un genio
c) Todos están muy contentos
d) Visita inesperada
e) Esteban tiene una entrevista
f) Se acabaron los accidentes
g) Primeros contactos
h) Miguel no puede trabajar

31

Escucha la canción. Pon las ilustraciones en el orden de los versos.

a b c
d e f
h i j
k l m

32

Con tu grupo habla de un trabajo que haces los fines de semana (real o imaginario). Di lo que te gusta y lo que no te gusta.

Ejemplo: Los sábados trabajo en una tienda, **lo bueno** *es que veo a mucha gente pero* **lo malo** *es que termino muy cansado/a a las seis de la tarde.*

Gramática

If you read the dialogue again, you will see some further examples of:

- **lo + adjective**. Find three examples.
- **¡qué ...! + noun or adjective** used to express emotions. Try and find phrases expressing: fright; surprise; happiness; sadness. Look up adjectives or nouns in the dictionary if necessary.
- the **preterite** and the **perfect tense** – identify one example of each.

33

Primero, lee el CV de Esteban. Después lee las frases sobre Esteban y corrige los errores.

1 Nació en Pamplona.
2 Asistió a un instituto en Madrid.
3 En el instituto estudió dos idiomas: francés e italiano.
4 Trabajó en una carnicería.
5 Trabajó durante las vacaciones de Navidad.
6 Le gustan el badmintón y la música clásica.

CURRICULUM VITAE

Nombre:	Esteban
Apellidos:	Muñoz Torres
Fecha de nacimiento:	18 de noviembre de 1978
Lugar de nacimiento:	Madrid
Dirección:	C/del Valle, 45, Pamplona
Estudios:	COU en el Colegio San José, Pamplona
Asignaturas:	Económicas, negocios, matemáticas, inglés, alemán, historia, geografía, lengua.
Experiencia laboral:	Dependiente en una zapatería durante las vacaciones de verano, canguro para la familia.
Hobbies:	fútbol, cine, música pop, ciencia-ficción

34

Escribe ahora tu propio curriculum vitae. Copia el modelo de Esteban.

35

Escucha a tres jóvenes que hablan de sus empleos.

Escucha el casete y elige **a** o **b**.

Ejemplo: 1 b)

1 María es	a) peluquera	b) dependiente
2 María gana	a) poco	b) mucho
3 ¿María está contenta con su trabajo?	a) sí	b) no
4 Manuel es	a) dependiente	b) camarero
5 ¿A Manuel le gusta su trabajo?	a) sí	b) no
6 Manuel piensa que trabaja	a) mucho	b) poco
7 Ramona piensa que sus padres son	a) estrictos	b) liberales
8 ¿A Ramona le encanta su trabajo?	a) sí	b) no
9 Su trabajo es	a) penoso	b) fácil

36

Lee los anuncios y contesta las preguntas. Escribe 'sí' o 'no'.

Buscamos a un joven inteligente entre 20 y 35 años de edad para trabajar en una oficina. Buen conocimiento del inglés útil. Dominio de informática esencial.
Tel: 327 86 78

Buscamos a chica o chico para ayudar los sábados en peluquería en el centro. Buen salario y excelentes propinas. No fumador y cortesía esencial. Edad 16–19 máximo.
Tel: 890 45 23

Queremos un canguro urgentemente para 3 noches a la semana. Buena remuneración para la persona ideal y posibilidad de dormir en casa si vive lejos del centro. Debe cuidar de 3 niños adorables entre 2 y 8 años. Sólo persona seria y paciente considerada.
tel: 643 21 12

1 Tienes dieciocho años. ¿Es posible trabajar en la oficina?
2 Para trabajar de peluquero/a, ¿debes trabajar durante la semana?
3 Para ser canguro, ¿es necesario vivir en el centro?
4 Para trabajar en la peluquería, ¿es esencial ser fumador?
5 El sueldo de peluquero, ¿es bueno?

Mi casete personal

Mi empleo

¿Tienes un empleo? Si no tienes, inventa un empleo que quisieras hacer. Graba dos o tres frases sobre el empleo.

¿Qué días trabajas? ¿Para cuántas horas? ¿Cuánto ganas? ¿Qué haces exactamente?

Para ayudarte

Vocabulario
cuidar de (v) – to look after
peluquero (nm) – hairdresser
peluquería (nf) – hairdresser's
propina (nf) – tip (for service)

Ya lo sé

A Invitaciones

Es tu cumpleaños. Diseña y escribe tu propia invitación para invitar a tus amigos.

B Una comida muy especial

Para tu cumpleaños fuiste a un restaurante. Escribe en detalle lo que pasó allí, lo que comiste y bebiste y con quién fuiste.

C Tu agenda

Diseña una tarjeta para el cumpleaños de un amigo, con el texto en español.

Felicidades

D Un accidente

Ayer viste un accidente en la calle. Escribe una descripción del accidente para la policía.

Frases útiles:

demasiado rápido *too quickly*
torció *he/she turned*
no vio *he/she didn't see*
pararse *to stop*
llamé *I called*

E Vivir en una ciudad

Escribe frases sobre las ventajas y los inconvenientes de vivir en una ciudad:
Lo bueno es que …
Lo malo es que …

¿Cuáles son las ventajas y los inconvenientes de vivir en el campo?

La vida de Esteban se mejora

1

Lee y escucha el diálogo. Escoge la respuesta que convenga.

1 ¿A qué hora empezó Esteban?
  a) Empezó a las seis.
  b) Empezó a las siete.
  c) Empezó a las siete y cuarto.

2 ¿Dónde estuvo a las siete y cuarto?
  a) Estuvo en el depósito.
  b) Estuvo en la tienda.
  c) Estuvo en la oficina de la señora Ortega.

3 ¿Quién descargó el camión con Esteban?
  a) Juanjo descargó el camión.
  b) Suso descargó el camión.
  c) Miguel descargó el camión.

4 ¿Cuántas horas pasó Esteban llenando los estantes?
  a) Pasó media hora.
  b) Pasó una hora.
  c) Pasó una hora y media.

5 ¿Qué hizo con Juanjo a mediodía?
  a) Descargó un camión.
  b) Llenó los estantes.
  c) Tomó un café.

6 ¿Cómo fue el día para Esteban?
  a) Fue un poco aburrido.
  b) Fue muy interesante.
  c) Fue muy emocionante.

Gramática

The preterite tense deals with single completed actions in the past. You have already seen how to form the preterite tense of regular verbs. However, some verbs do not follow the regular pattern. You will often need to use these irregular verbs, both in writing and speaking. There are some examples in the dialogue. The most important are:

hacer	ser	estar	tener	ir
hice	fui	estuve	tuve	fui
hiciste	fuiste	estuviste	tuviste	fuiste
hizo	fue	estuvo	tuvo	fue
hicimos	fuimos	estuvimos	tuvimos	fuimos
hicisteis	fuisteis	estuvisteis	tuvisteis	fuisteis
hicieron	fueron	estuvieron	tuvieron	fueron

Notice that both *ser* and *ir* have the same preterite form. You can tell which is being used from the context:

Fue a Barcelona.   He/she went to Barcelona.
Fue muy simpático.   He was very nice.

2

Escucha la canción. Escoge una ilustración para cada verso.

Ejemplo: **1 i**

a

b

c

d

e

f

g

h

i

j

3

¿Qué hizo Carmen el lunes pasado? Lee su carta.

El lunes pasado salí de casa a las seis y media. Fui al trabajo en autobús. Empecé a las siete en punto. Estuve en la oficina de la señora Ortega. Escribí unas cartas a máquina. Hice unas llamadas y tuve que enviar unos encargos por fax. A mediodía fui a la casa de una amiga para comer. A las dos estuve en la oficina otra vez. Escribí una carta a Miguel también. Está en el hospital después de su accidente cuando cayó de la bici. Se está recuperando, pero fue muy difícil para él. Es muy simpático, y es muy guapo también. A las cinco y media tuve que arreglar la oficina. Vi a Juanjo en el depósito. Me dijo Juanjo que Miguel va a salir del hospital muy pronto. Espero que sí, porque hay un concierto de rock en el polideportivo la semana que viene. Salí de la oficina a las seis y fui a casa para comer con mi familia.

Empareja las frases de las dos columnas.

Ejemplo: **1 i)**

1 Salió de casa
2 Fue al trabajo
3 Empezó
4 Estuvo
5 Hizo
6 Tuvo que
7 Fue a la casa de una amiga
8 Estuvo en la oficina otra vez
9 Vio a Juanjo

a) enviar unos encargos por fax.
b) en la oficina de la señora Ortega.
c) para comer a mediodía.
d) en autobús.
e) a las dos.
f) a las siete en punto.
g) en el depósito.
h) unas llamadas.
i) a las seis y media.

Para ayudarte

Vocabulario
barrer (v) – to sweep
ducha (nf) – shower
en punto – exactly
encargo (nm) – order
enviar (v) – to send
esfuerzo (nm) – effort
guapo (adj) – good-looking

Esteban y su grupo Media Luna van a dar un concierto esta tarde en el polideportivo. Están haciendo los preparativos . . .

Unai, ¿has preparado la taquilla?

Sí, hombre, lo hice anoche con Clara. Ella va a recoger las entradas y el dinero.

Javi, ¿has invitado a los periodistas?

No te preocupes, hombre. Los invité la semana pasada.

Oye, Paco, ¿has visto el libro de música?

Tranquilo, compinche, lo traje esta mañana. Está en el vestuario.

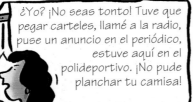

Oye, Inma, ¿has planchado mi camisa para esta tarde?

¿Yo? ¡No seas tonto! Tuve que pegar carteles, llamé a la radio, puse un anuncio en el periódico, estuve aquí en el polideportivo. ¡No pude planchar tu camisa!

¿Has escrito el programa?

¿Has traido tu guitarra?

¿Has pedido los refrescos para el descanso?

¡Ay, madre!

31

Lee y escucha el diálogo. ¿Quién es? Escribe el nombre de la persona.

Ejemplo: **1** *Inma*

1 No pudo planchar la camisa de Esteban.
2 Invitó a los periodistas.
3 No trajo su guitarra.
4 Puso un anuncio en el periódico.
5 Trajo el libro de música.
6 No pidió refrescos para el descanso.
7 Llamó a la radio.
8 No escribió el programa.
9 Preparó la taquilla.

32

Lee el póster. Apunta los detalles del concierto en inglés. ¿Dónde? ¿A qué hora? ¿Cuánto es? ¿Descuentos – para quién?

Polideportivo
Un concierto de rock
con
MEDIA LUNA
sábado el 12 de mayo a las nueve
Entradas 1.000 ptas
Descuento de 10% — estudiantes y parados

Gramática

1 The perfect and preterite tenses work together quite often in question and answer situations, usually to check that things have been done. Read the following conversation between a teenage boy and his mother. She uses the perfect tense in her questions, he replies in the preterite:

Madre – ¿Has hecho tus deberes?
Hijo – Sí, mamá. Los hice en el recreo.
Madre – ¿Has arreglado tu dormitorio?
Hijo – Sí, mamá, lo arreglé ayer.
Madre – ¿Has escrito una carta a tu abuela?
Hijo – Sí, mamá, escribí anoche.
Can you add another two exchanges to this conversation?

2 Other important verbs which have irregular preterites are:

poder – to be able	ver – to see	traer – to bring	poner – to put
pude	vi	traje	puse
pudiste	viste	trajiste	pusiste
pudo	vio	trajo	puso
pudimos	vimos	trajimos	pusimos
pudisteis	visteis	trajisteis	pusisteis
pudieron	vieron	trajeron	pusieron

33

Túrnate con tu pareja.

A ¿Has puesto un anuncio en el periódico?

B Sí, lo puse ayer.

34

Escucha el casete. ¿Qué hicieron los jóvenes el fin de semana pasado?

a

b

1
2
3
4
5
6

c   d

e

35

Lee el póster. Busca una actividad adecuada para Amaya y los otros.

mayo	Polideportivo		Hora y precio
3	Viridiana	Película de Luis Buñuel, 1961	8.00 600 ptas
5	Tuna de la universidad de Salamanca	Concierto de música folklórica	8.30 1.200 ptas
6	El arte del flamenco	Fiesta de baile tradicional	9.00 1.000 ptas
9	Concurso de bádminton	Campeonato regional	10.00–5.00 500 ptas
12	Media Luna	Concierto de rock	9.00 1.000 ptas
15	Cuarteto Sarasate	Concierto de música clásica	9.00 1.500 ptas
20	101 Dálmatas	Dibujos animados de Disney	8.00 900 ptas
28	Grupo Gayarre	Baile moderno	8.30 1.200 ptas
30	El mundo del niño	Exposición de ropa para niños	Entrada libre

Amaya
No me gustan nada las películas antiguas. Prefiero los dibujos animados.

Enrique
Me encanta el baile, pero no el baile folklórico.

Pilar
Me chifla la música, sobre todo los grupos modernos.

Antonio
Soy muy deportista. No me interesan ni la música ni el baile.

Mila
Necesito unas camisetas para el bébé.

Javi
Me encanta el baile moderno.

Mi casete personal

El fin de semana pasado
¿Qué hiciste el fin de semana pasado? Graba tres o cuatro frases en tu casete personal.

... opinaste de la película? Escribe unas frases sobre tu opinión de la película. Grábalas en tu casete.

Para ayudarte

Vocabulario

anuncio (nm) – advert
campeonato (nm) – championship
cartel (nm) – advertising poster
compinche (nm) – mate, pal
concurso (nm) – competition
cuarteto (nm) – quartet
descanso (nm) – interval
descuento (nm) – discount
entrada (nf) – admission (ticket)
parados (nmpl) – unemployed
pegar (v) – to stick, put up
periodista (nm/f) – journalist
preocuparse (v) – to worry
preparativos (nmpl) – preparations
refresco (nm) – cold drink
taquilla (nf) – box office
vestuario (nm) – dressing room

¿Cuándo?

anoche – last night
esta tarde – this afternoon/evening
la semana pasada – last week
ayer – yesterday

rítmico (adj) – rhythmic
teclados (nmpl) – keyboards
tocar (v) – to play (instrument) (also to touch)

UNIDAD DIEZ

¡Qué bien! Salir juntos finalmente. ¿Qué tal la pierna?

Gramática

UNIDAD DOCE

Bueno, Miguel, estoy muy contenta de verte aquí en el trabajo otra vez. ¿Qué tal en el hospital?

Pues, francamente estaba un poco aburrido.

Todos los días me levantaba a las seis y media, me duchaba y me vestía.

Tomaba el desayuno a las siete y media, leía el periódico . . .

Gramática

Reflexive verbs and the imperfect tense

The imperfect tense is probably the simplest tense to work with, as there are no exceptions to the rule. If you can manage with verbs like *hablar* and *vivir*, you should have no problems with reflexive verbs like *levantarse* and *vestirse*. Take the infinitive, remove the pronoun *se* and the *-ar* ending and then add the imperfect endings as shown on page 175.

levantarse – to get up	vestirse – to get dressed
me levantaba	me vestía
te levantabas	te vestías
se levantaba	se vestía
nos levantábamos	nos vestíamos
os levantabais	os vestíais
se levantaban	se vestían

. . . y después a las ocho y media iba al gimnasio para dos horas de fisioterapia.

Por la tarde veía la televisión, leía muchos libros o escuchaba música.

Cenaba a las ocho de la tarde y a las diez me acostaba otra vez.

Y ¿qué tal la bicicleta?

Es que . . . no he tenido tiempo . . . con la pierna . . . y el hospital . . . tal vez la semana que viene, no sé . . . a ver lo que pasa . . .

No te preocupes, Miguel. Hay que esperar un poco . . .

11

Lee el texto y escucha el casete.

¿Qué hacía Miguel en el hospital …
1 … a las seis y media?
2 … a las siete y media?
3 … a las ocho y media?
4 … por la tarde?
5 … a las ocho de la tarde?
6 … a las diez?

12  *Ayer y hoy*

Escucha el casete. Copia y completa la tabla.

Rutina	Ayer	Hoy
Ejemplo: levantarse	7.30	6.30
tomar el desayuno		
trabajar		
tiempo libre		
acostarse		

13

Lee el texto. Para cada frase escribe V (verdadera) o F (falsa).

1 Colón estaba en medio del océano en el mes de noviembre de 1492.
2 Llovía mucho.
3 Los marineros no estaban contentos.
4 Colón quería volver a España.
5 Colón quería oro y tierra para los Reyes Católicos.
6 Rodrigo de Triana vio un trozo de madera en el agua.
7 Descubrieron la costa de Méjico.
8 Colón regresó a España en marzo de 1492.
9 Los Reyes Católicos fueron contentos de lo que hizo Colón.
10 Murió a la edad de cincuenta y seis años.

En el mes de octubre de 1492 Cristóbal Colón y sus marineros estaban en medio del océano. El sol brillaba muy fuerte, no había viento, y los barcos no se movían en el mar. Los marineros tenían sed, hambre, y tenían ganas de volver a España. No estaban contentos, y se quejaban. Colón no quería volver a España. Quería encontrar el oro de las Indias. Quería conquistar las tierras nuevas para Fernando, el rey de España, y su reina Isabel.

De repente, se oyó el disparo de un cañón. Un marinero, Rodrigo de Triana, vio un trozo de madera en el agua. Otro marinero vio un arrecife.

¡La tierra por fin, después de dos meses en el barco! Desembarcaron en una pequeña isla que se llamaba Guanahaní, una isla de las Bahamas. La expedición continuó. Llegó a la isla de Cuba y luego descubrieron La Española, isla que hoy en día comparten Haití y la República Dominicana.

Regresaron a España en marzo de 1493. Los Reyes Católicos recibieron a Colón con gran entusiasmo. Hizo otros tres viajes, en que exploró la costa de América Central. Murió en Valladolid en España en 1506 a la edad de cincuenta y cinco años.

14

La semana pasada hiciste un intercambio escolar. Al regresar tu profe te preguntó sobre el intercambio.
Empareja las preguntas con las respuestas.

Ejemplo: 1 c)

1 ¿Tenías tu propio dormitorio?
2 ¿La cama era cómoda?
3 ¿Qué tomabas en el desayuno?
4 ¿La familia era simpática?
5 ¿Qué hacías durante el día?

a) Sí, todos eran muy amables.
b) Iba al cole con mi corresponsal.
c) No, compartía con mi corresponsal.
d) Sí, dormía muy bien.
e) Comía pan y mermelada, y bebía café.

Mi casete personal

Como era ...

¿Cómo eras a la edad de nueve años? Graba una descripción de ti mismo de unas tres o cuatro frases.

Para ayudarte

Vocabulario
francamente (adv) – quite honestly
madera (nf) – wood
marinero (nm) – sailor
pelear (v) – to fight
quejarse (v) – to complain
rama (nf) – branch
recibir (v) – to receive, welcome
reina (nf) – queen
rey (nm) – king
trozo (nm) – piece

20

Lee el diálogo y escucha el casete. Busca una frase en el diálogo para cada ilustración.

Ejemplo: **a** *detrás del seto*

Gramática

To say where things are

To talk about the position of one person or thing in relation to another you need to use a **preposition**. These words are very useful links, and help you identify a location more precisely. The following prepositions appeared in the dialogue:

debajo de	under
al lado de	beside
detrás de	behind
lejos de	far from
delante de	in front of
enfrente de	opposite
cerca de	near

Remember that *de* followed by *el* becomes *del*, so 'beside the bank' is *al lado del banco*.

21

Túrnate con tu pareja.

Ejemplo:

A — ¿Dónde está la panadería?

B — Al lado del banco.

22

Mira el plano de la ciudad en el ejercicio 21. Escribe V (verdadera) o (falsa) para cada frase.

1 La cafetería está enfrente del hotel.
2 El bar está entre la cafetería y el cine.
3 El banco está al lado de la carnicería.
4 El parque está delante de la panadería.
5 La piscina está enfrente de la cafetería.
6 El cine está al lado de la comisaría.

Para ayudarte

Vocabulario

arrebatar (v) – to snatch

ayuntamiento (nm) – town hall

banco (nm) – bank

carnicería (nf) – butcher's

comisaría (nf) – police station

esconderse (v) – to hide

jurar (v) – to swear

¡menudo amigo tú! – some friend you are!

navaja (nf) – penknife

olvidar (v) – to forget

panadería (nf) – baker's

¡qué barbaridad! – how awful!

seto (nm) – hedge

Grammatical point/language structure

Which unit, which page

Grammatical point/language structure	Which unit, which page
present continuous tense	Unit 6 page 84
present tense	Unit 2 page 22; Unit 3 pages 34, 38; Unit 6 page 84
preterite tense	Unit 9 page 128; Unit 10 pages 142, 154; Unit 11 page 160; Unit 12 pages 176, 186
pronouns	Unit 2 page 18; Unit 6 page 87; Unit 7 page 108; Unit 10 page 150
pronouns added onto infinitives	Unit 9 page 136
pronouns with prepositions	Unit 9 page 132
¡qué. . .!	Unit 9 pages 136, 138; Unit 10 page 156
radical-changing verbs	Unit 5 page 68; Unit 6 page 82; Unit 10 page 146
reflexive verbs	Unit 7 pages 100, 104; Unit 8 page 120; Unit 12 page 178
regular verbs	Unit 2 page 22; Unit 3 pages 34, 38
relative pronoun que	Unit 8 page 121
ser and estar	Unit 2 pages 18, 26; Unit 7 page 102; Unit 8 page 112; Unit 11 page 160
shortened adjectives	Unit 5 page 66; Unit 7 page 99
sino	Unit 10 page 148
soler	Unit 7 page 107
subject pronouns	Unit 2 page 18; Unit 6 page 87
tener: physical states	Unit 2 page 28; Unit 4 page 62
tener: possession	Unit 1 page 6; Unit 2 page 28
'to the' and 'from the'	Unit 3 page 46
verbs with prepositions	Unit 6 page 94

diferente (adj)   different
dinero (nm)   money
dirección (nf)   direction, address
disco (nm)   music disc, album
discoteca (nf)   discotheque
disculpa (nf)   excuse, apology
diseñar (v)   to design
disparo (nm)   shot
disputa (nf)   argument
disputar (v)   to argue
disquete (nm)   (computer) disk
distancia (nf)   distance
distribuir (v)   to distribute, hand
   out
divertido (adj)   funny
   (amusing)
divorcio (nm)   divorce
doce   twelve
documental (nm, adj)
   documentary
doler (ue) (v)   to hurt
doméstico (adj)   domestic
domingo (nm)   Sunday
donde   where
¿dónde?   where?
dormir (ue) (v)   to sleep
dormitorio (nm)   bedroom
dos   two
doscientos   two hundred
dramático (adj)   dramatic
droga (nf)   drug
drogarse (v)   to take drugs
ducha (nf)   shower
dulce (adj)   sweet
durante   during
durar (v)   to last

e

echar (v) de menos   to miss
económico (adj)   economic
edad (nf)   age
edificado (adj)   built
edificio (nm)   building
Edimburgo (nm)   Edinburgh
educación (nf)   education
egocéntrico (adj)   selfish
egoístamente (adv)   selfishly
ejemplo (nm)   example
ejercer (v)   to exercise
ejercicio (nm)   exercise
el   the (see Grammar index)
él   he (see Grammar index)
electricista (nm/nf)   electrician
electrónico (adj)   electronic
elegir (i) (v)   to choose
ella   she (see Grammar index)
emisión (nf)   broadcast,
   programme
emocionante (adj)   exciting
emparejar (v)   to pair up
emperador (nm)   emperor
empezar (ie) (v)   to begin
empleado (nm)   employee
empresa (nf)   company
empujar (v)   to push
en   in
enamorado (adj)   in love

encantar (v)   to delight
encargo (nm)   order
encender (ie) (v)   to switch on
encierro (nm)   enclosure
encima (prep)   on top of
encontrar (ue) (v)   to find,
   meet
encuesta (nf)   survey
enero (nm)   January
enfadado (adj)   angry
enfadarse (v)   to become angry
enfermero/a (nm/nf)   nurse
enfermo (adj)   ill
enfrente (prep)   opposite
enojado (adj)   annoyed
enorme (adj)   huge
ensalada (nf)   salad
enseñar (v)   to teach
entender (ie) (v)   to understand
entonces (prep)   then, so
entrada (nf)   entrance
entre (prep)   between
entregar (v)   to deliver
entrenamiento (nm)   training
entrenarse (v)   to train
entretener (ie) (v)   to entertain
entrevista (nf)   interview
entrevistador (nm)   interviewer
entrevistar (v)   to interview
entusiasmo (nm)   enthusiasm
enviar (v)   to send
envolver (ue) (v)   to wrap up
enyesar (v)   to put in plaster
equipo (nm)   team
equitación (nf)   horse riding
error (nm)   error
escalera (nf)   staircase
escena (nf)   scene
escoba (nf)   broom
escobar (v)   to sweep out
escocés (nm, adj)   Scottish
Escocia (nf)   Scotland
escoger (v)   to choose
escolar (adj)   school
esconderse (v)   to hide
   (yourself)
escribir (v)   to write
escrito (adj)   written
escuchar (v)   to listen
escudo (nm)   shield
esencial (adj)   essential
esfuerzo (nm)   effort
eso (adj)   that (see Grammar
   index)
espacio (nm)   gap, space
espaguetis (nmpl)   spaghetti
España (nf)   Spain
español (nm, adj)   Spaniard,
   Spanish
especial (adj)   special
especialidad (nf)   speciality
espejo (nm)   mirror
esperanza (nf)   hope
esperar (v)   to wait for
esposa (nf)   wife
esquí (nm)   skiing
esquiar (v)   to ski

esta (adj)   this (see Grammar
   index)
estación (nf)   station, season
estadio (nm)   stadium
Estados Unidos (nmpl)   United
   States
estante (nm)   shelf
estar (v)   to be (see Grammar
   index)
este (adj)   this (see Grammar
   index)
estilo (nm)   style
estimado (adj)   Dear . . . (in
   formal letters)
esto   this (see Grammar index)
estrecho (adj)   narrow
estricto (adj)   strict
estuche (nm)   pencil case
estudiante (nm/nf)   student
estudiar (v)   to study
estupendo (adj)   superb
estúpido (adj)   stupid
etiqueta (nf)   price tag
Europa (nf)   Europe
europeo (nm, adj)   European
evitar (v)   to avoid
exactamente (adv)   exactly
examen (nm)   examination
excelente (adj)   excellent
excelentemente
   (adv)   wonderfully
excursión (nf)   trip
éxito (nm)   success
exótico (adj)   exotic
expedición (nf)   expedition
experiencia (nf)   experience
experimentar (v)   to experiment
explicación (nf)   explanation
explicar (v)   to explain
explorador (nm)   explorer
explosión (nf)   explosion
Expo = exposición (nf)
   exhibition
expresión (nf)   expression
extinto (adj)   extinct
extranjero (nm, adj)   foreigner
extraterrestre (nm)   alien
extravagante (adj)   extravagant

f

fábrica (nf)   factory
fabuloso (adj)   fabulous
fácil (adj)   easy
facilidad (nf)   facility
falso (adj)   false
faltar (v)   to lack, to be missing
familia (nf)   family
famoso (adj)   famous
fanfarronear (v)   to boast
fantasía (nf)   fantasy
fantástico (adj)   fantastic
farmacia (nf)   chemist's
fastidiar (v)   to bother, pester
fastidio (adj)   nuisance
fatal (adj)   awful
favorito (adj)   favourite
febrero (nm)   February

fecha (nf)   date
fenomenal (adj)   terrific
feo (adj)   ugly
fiebre (nf)   fever, temperature
fiesta (nf)   party, festival
fijarse (v)   to imagine
filete (nm)   steak
fin (nm)   end
fin de semana (nm)   weekend
final (nm, adj)   final
fino (adj)   fine
firma (nf)   signature
físico (adj)   physical
flor (nf)   flower
folklórico (adj)   traditional
folleto (nm)   leaflet
forma (nf)   form, shape
formar (v)   to form, shape
formulario (nm)   form
foto(grafía) (nf)   photo(graph)
francamente (adv)   frankly
francés (nm, adj)   French
Francia (nf)   France
frase (nf)   sentence, phrase
frecuente (adj)   frequent
frecuentemente
   (adv)   frequently
fresco (adj)   cool
frío (adj)   cold
frontera (nf)   border
frontón (nm)   pelota court
fuego (nm)   fire
fuera (adv)   outside
fuerte (adj)   strong
fugarse (v)   to run away
fumador (nm)   smoking (seat,
   compartment etc)
fumar (v)   to smoke
furioso (adj)   angry
fútbol (nm)   football
futbolista (nm/nf)   football
   player
futuro (nm)   future

g

gafas (nfpl)   spectacles
galaxia (nf)   galaxy
Gales, país de (nm)   Wales
galés (nm, adj)   Welsh
gallego (nm, adj)   Galician
gamberro (nm)   hooligan
ganar (v)   to earn
garaje (nm)   garage
garganta (nf)   throat
gastar (v)   to spend
gemelo (nm)   twin
general (nm, adj)   general
generalmente (adv)   generally
generoso (adj)   generous
genio (nm)   genius
gente (nf)   people
geografía (nf)   geography
geográfico (adj)   geographical
gimnasio (nm)   gymnasium
globo (nm)   speech bubble
golpear (v)   to strike, hit

goma (nf) *eraser*
gordo (adj) *fat*
gorra (nf) *cap*
grabación (nf) *recording*
grabar (v) *to record*
gracias *thank you*
gramática (nf) *grammar*
Gran Bretaña (nf) *Great Britain*
grande (adj) *big*
granja (nf) *farm*
grasa (nf) *fat, grease*
Grecia (nf) *Greece*
grupo (nm) *group*
guapo (adj) *good-looking*
guardar (v) *to keep*
guerra (nf) *war*
guía (nm) *guide*
guía (nf) *guide book*
guitarra (nf) *guitar*
gustar (v) *to please (me gusta =
I like) (see Grammar index)*

h

habilidad (nf) *skill*
hablar (v) *to speak*
hacer (v) *to do, make (see
Grammar index)*
hambre (nf) *hunger (tengo
hambre = I'm hungry)*
hambriento (adj) *hungry*
hamburguesa (nf) *hamburger*
harto (adj) *fed up*
hasta (prep) *until*
hay *there is, there are*
heladería (nf) *ice cream shop*
helado (nm) *ice cream*
herido (adj) *injured, wounded*
hermana (nf) *sister*
hermanito (nm) *little brother*
hermano (nm) *brother*
hielo (nm) *ice*
hija (nf) *daughter*
hijo (nm) *son*
historia (nf) *history, story*
hogar (nm) *home*
hoja (nf) *page, sheet of paper*
¡Hola! *Hi!*
holandés (nm, adj) *Dutch*
hombre (nm) *man*
honestamente (adv) *honestly*
hora (nf) *hour*
horario (nm) *timetable*
horizonte (nm) *horizon*
horizontal (adj) *horizontal*
horrible (adj) *dreadful*
horror (nm) *horror*
hospital (nm) *hospital*
hotel (nm) *hotel*
hoy *today*
hueco (nm) *gap*
huelga (nf) *strike*
huevo (nm) *egg*
humano (adj) *human*
humor (nm) *humour*

i

ida y vuelta *return (ticket)*
idea (nf) *idea*
identidad (nf) *identity*
identificar (v) *to identify*
idioma (nf) *language*
iglesia (nf) *church*
ilusionado (adj) *excited*
ilustración (nf) *picture*
ilustrar (v) *to illustrate*
imagen (nf) *picture*
imaginar (v) *to imagine*
imaginario (adj) *imaginary*
impecable (adj) *impeccable*
importar (v) *to be important*
importancia (nf) *importance*
impresionante (adj) *impressive*
impresora (nf) *printer*
incendio (nm) *fire*
incluir (v) *to include*
inconveniente (nm)
    disadvantage
incorrecto (adj) *incorrect*
increíble (adj) *incredible*
indicado (adj) *indicated*
indiferente (adj) *indifferent*
indio (nm, adj) *Indian*
inesperado (adj) *unexpected*
infeliz (adj) *unhappy*
infinitivo (nm) *infinitive*
información (nf) *information*
informal (adj) *informal*
ingeniero (nm) *engineer*
Inglaterra (nf) *England*
inglés (nm, adj) *English*
inmediatamente
    (adv) *immediately*
inolvidable (adj) *unforgettable*
insecto (nm) *insect*
instalar (v) *to install*
insti (= instituto)
instituto (nm) *secondary school*
inteligente (adj) *intelligent*
intercambio (nm) *exchange*
interés (nm) *interest*
interesante (adj) *interesting*
internacional (adj)
    international
interrogativo (adj)
    interrogative
inútil (adj) *useless*
invadir (v) *to invade*
inventar (v) *to invent*
invierno (nm) *winter*
invitación (nf) *invitation*
invitar (v) *to invite*
ir (v) *to go, to be going to (see
Grammar index)*
Irlanda (nf) *Ireland*
irlandés (nm, adj) *Irish*
irresponsable (adj) *irresponsible*
isla (nf) *island*
Italia (nf) *Italy*
italiano (nm, adj) *Italian*
itinerario (nm) *itinerary*

j

jamón (nm) *ham*
jarabe (nm) *cough syrup*
jardín (nm) *garden*
jefe (nm) *boss*
jóven (adj) *young*
jubilado (adj) *retired*
jueves (nm) *Thursday*
jugador (nm) *player*
jugar (ue) (v) *to play*
juguete (nm) *toy*
julio (nm) *July*
junio (nm) *June*
junto (adv) *together*
jurar (v) *to swear*
justo (adj) *fair*
juvenil (adj) *juvenile*

k

kárate (nm) *karate*
kilo (nm) *kilo*
kilómetro (nm) *kilometre*

l

la *the (see Grammar index)*
lado (nm) *side*
ladrón (nm) *thief*
laguna (nf) *pool, lagoon*
lamentar (v) *to regret (lo
lamento = I'm sorry)*
lámpara (nf) *lamp*
lápiz (nm) *pencil*
largarse (v) *to 'get lost', to 'get
out of here'*
largo (adj) *long*
lástima (nf) *pity*
lata (nf) *tin*
lavar(se) (v) *to wash (yourself)*
lección (nf) *lesson*
leche (nf) *milk*
lechuga (nf) *lettuce*
lector (nm) *reader*
leer (v) *to read*
legumbre (nf) *vegetable*
lejano (adj) *distant*
lejos (adv) *far*
lengua (nf) *language*
lentamente (adv) *slowly*
letra (nf) *letter*
levantarse (v) *to get up*
ley (nf) *law*
liberal (adj) *liberal*
libertad (nf) *freedom*
libre (adj) *free*
libro (nm) *book*
limonada (nf) *lemonade*
limpiar (v) *to clean*
limpio (adj) *clean*
línea (nf) *line*
Lisboa (nf) *Lisbon*
lista (nf) *list*
listo (adj) *ready*
litro (nm) *litre*
llamar (v) *to call*
llamarse (v) *to be called*
llegar (v) *to arrive*

llenar (v) *to fill*
llevar (v) *to carry, wear*
llevarse bien (v) *to get on well*
llorar (v) *to cry*
llover (ue) (v) *to rain*
lluvia (nf) *rain*
lo *it (see Grammar index)*
lobo (nm) *wolf*
Londres *London*
luchar (v) *to struggle, fight*
luego *next, later*
lugar (nm) *place*
lujo (nm) *luxury*
luna (nf) *moon*
lunes (nm) *Monday*
luz (nf) *light*

m

madera (nf) *wood*
madre (nf) *mother*
madrugada (nf) *early morning*
maduro (adj) *mature*
maestra (nf) *primary
    schoolteacher*
magnetófono (nm) *tape
    recorder*
magnífico (adj) *magnificent*
mal (adv) *badly*
maleta (nf) *suitcase*
Mallorca (nf) *Majorca*
malo (adj) *bad*
mamá (nf) *mum*
mandar (v) *to send*
manera (nf) *way, manner*
manta (nf) *blanket*
mantenerse (ie) (v) *to keep,
    maintain yourself*
mañana (nf) *morning,
    tomorrow*
mapa (nm) *map*
maquillaje (nm) *make-up*
máquina (nf) *machine*
mar (nm) *sea*
maravilla (nf) *marvel*
marcha (nf) *gear*
marcial (adj) *martial*
marinero (nm) *sailor*
marisco (nm) *shellfish*
marrón (adj) *brown*
martes (nm) *Tuesday*
marzo (nm) *March*
más (adv) *more (see Grammar
    index)*
matar (v) *to kill*
matemáticas (nfpl) *maths*
materia (nf) *matter, material*
matrimonio (nm) *marriage*
máximo (adj) *maximum*
mayo (nm) *May*
mayonesa (nf) *mayonnaise*
mayor (adj) *older*
mayoría (nf) *majority*
me *me, to me (see Grammar
    index)*
mecánico (nm) *mechanic*
medianoche (nf) *midnight*

medicamento (nm) *medicine (to be taken)*
medicina (nf) *medicine (subject of study)*
médico (nm) *doctor*
medio (adj) *half*
mediodía (nm) *midday*
medir (i) (v) *to measure*
mejicano (nm, adj) *Mexican*
Méjico (nm) *Mexico*
mejillón (nm) *mussel*
mejor (adj) *better*
melodía (nf) *melody*
melodioso (adj) *melodious*
memoria (nf) *memory*
mencionado (adj) *mentioned*
mencionar (v) *to mention*
menor (adj) *younger*
menos (adv) *less (see Grammar index)*
mensaje (nm) *message*
mentira (nf) *lie*
menú (nm) *menu*
menudo (adj) *tiny*
mercado (nm) *market*
merienda (nf) en el campo *picnic*
mermelada (nf) *jam*
mes (nm) *month*
mesa (nf) *table*
mesita (nf) *small table*
metro (nm) *underground*
mezclado (adj) *mixed*
mi *my (see Grammar index)*
miedo (nm) *fear*
miembro (nm) *member*
mientras *while*
miércoles (nm) *Wednesday*
mil *one thousand*
millón *one million*
millonario (nm) *millionaire*
mineral (nm, adj) *mineral*
mínimo (nm, adj) *minimum*
minuto (nm) *minute*
mirar (v) *to look at*
mismo (adj) *same*
misterio (nm) *mystery*
mitad (nf) *half*
mochila (nf) *rucksack*
moda (nf) *fashion*
modelo (nm) *model*
moderno (adj) *modern*
molestar (v) *to annoy*
momento (nm) *moment*
monedero (nm) *purse*
monitor (nm) *monitor*
monopatín (nm) *skateboard*
monstruo (nm) *monster*
montaña (nf) *mountain*
monumento (nm) *monument*
morir (ue) (v) *to die*
Moscú *Moscow*
mosquetero (nm) *musketeer*
mostrar (ue) (v) *to show*
motivar (v) *to motivate*
motocicleta (nf) *motorcycle*
movida (nf) *animation*

muchísimo (adv) *a great deal*
mucho (adj, adv) *a lot, very*
mudarse (v) *to move (house)*
mueble (nm) *furniture*
mujer (nf) *woman*
muleta (nf) *crutch*
mundo (nm) *world*
municipal (adj) *municipal*
murciélago (nm) *bat*
museo (nm) *museum*
música (nf) *music*
muy (adv) *very*

n

nacer (v) *to be born*
nacimiento (nm) *birth*
nacional (adj) *national*
nacionalidad (nf) *nationality*
nada *nothing (see Grammar index)*
nadador (nm) *swimmer*
nadar (v) *to swim*
nadie *nobody (see Grammar index)*
nata (nf) *cream*
natación (nf) *swimming*
natural (adj) *natural*
naturaleza (nf) *nature*
navaja (nf) *penknife*
Navarra (nf) *Navarre*
Navidad (nf) *Christmas*
necesario (adj) *necessary*
necesitar (v) *to need*
negativo (adj) *negative*
negocio(s) (nm(pl)) *business*
negro (adj) *black*
nervioso (adj) *nervous*
nevera (nf) *refrigerator*
ni *not (see Grammar index)*
niebla (nf) *mist, fog*
ningún (= ninguno)
ninguno *none (see Grammar index)*
niña (nf) *child (female)*
niño (nm) *child (male)*
nivel (nm) *level*
no *no, not (see Grammar index)*
noche (nf) *night*
nombre (nm) *name*
noreste (nm) *north-east*
normalmente (adv) *normally*
noroeste (nm) *north-west*
norte (nm) *north*
nosotros *we (see Grammar index)*
nota (nf) *mark (for schoolwork, test)*
notar (v) *to note*
noticias (nfpl) *news*
novecientos *nine hundred*
novela (nf) *novel*
noventa *ninety*
novia (nf) *girlfriend*
noviembre (nm) *November*
novillo (nm) – hacer novillos *to play truant*
novio (nm) *boyfriend*

nube (nf) *cloud*
nublado (adj) *cloudy*
nuestro (adj) *our (see Grammar index)*
nueve *nine*
nuevo (adj) *new*
número (nm) *number*
nunca (adv) *never (see Grammar index)*

o

obispo (nm) *bishop*
objeto (nm) *object*
obra (nf) *work*
obtener (ie) (v) *to obtain*
océano (nm) *ocean*
ochenta *eighty*
ocho *eight*
ochocientos *eight hundred*
ocio (nm) *leisure*
octubre (nm) *October*
ocupado (adj) *engaged, busy*
ocuparse (v) *to be busy with, take care of*
odiar (v) *to hate*
oeste (nm) *west*
oficina (nf) *office*
ofrecer (v) *to offer*
oír (v) *to hear*
ojo (nm) *eye*
olímpico (adj) *Olympic*
olvidar (v) *to forget*
opinar (v) *to think*
opinión (nf) *opinion*
óptico (adj) *optic*
orden (nm) *order*
ordenador (nm) *computer*
organización (nf) *organisation*
organizar (v) *to organise*
orilla (nf) *shore*
oro (nm) *gold*
oscuridad (nf) *darkness*
otoño (nm) *autumn*
otro (adj) *other*
¡Oye! *Hey!*

p

paciente (nm/nf) *patient*
padre (nm), padres (nmpl) *father, parents*
paella (nf) *paella*
pagar (v) *to pay for*
página (nf) *page*
país (nm) *country*
paisaje (nf) *landscape*
palabra (nf) *word*
palacio (nm) *palace*
pamplonés (nm, adj) *from Pamplona*
pan (nm) *bread*
panadería (nf) *bakery*
pandilla (nf) *group, gang*
pantalón (nm) *trousers*
pañuelo (nm) *handkerchief*
papá (nm) *dad*
papel (nm) *paper*
paquete (nm) *parcel*

para (prep) *for*
paracaídas (nm) *parachute*
parada (nf) *stop*
parado (adj) *unemployed*
paraguas (nm) *umbrella*
paraíso (nm) *paradise*
parar (v) *to stop someone/something*
pararse (v) *to stop, come to a stop*
parecer (v) *to seem*
pared (nf) *wall*
pareja (nf) *partner*
paro (nm) *unemployment*
parque (nm) *park*
párrafo (nm) *paragraph*
participante (nm) *participant*
participar (v) *to participate*
partido (nm) *match (sport)*
partir (v) *to set off*
pasado (adj) *past*
pasar (v) *to spend (time)*
pasatiempo (nm) *hobby*
pasear (v) *to stroll*
pasearse (v) *to go for a walk*
paseo (nm) *stroll*
pastel (nm) *cake*
pastilla (nf) *tablet*
patata (nf) *potato*
patatas fritas (nfpl) *chips, crisps*
patinaje (nm) *skating*
patinar (v) *to skate*
paz (nf) *peace*
pedido (nm) *order*
pedir (i) (v) *to ask for*
pegar (v) *to stick, put up*
pelar (v) *to peel*
película (nf) *film*
peligroso (adj) *dangerous*
pelo (nm) *hair*
pelota (nf) *ball, pelota (game)*
peluquería (nf) *hairdresser's*
peluquero/a (nm/nf) *hairdresser*
pena (nf) *shame*
penoso (adj) *awful, difficult*
pensar (ie) (v) *to think*
peor (adj) *worse (see Grammar index)*
pequeño (adj) *small*
perder (ie) (v) *to lose*
perdón (nm) *pardon*
perdonar (v) *to forgive*
perezoso (adj) *lazy*
perfecto (adj) *perfect*
periódico (nm) *newspaper*
periodista (nm/nf) *journalist*
permitir (v) *to allow, permit*
permiso (nm) *permission*
pero *but*
perro (nm) *dog*
persona (nf) *person*
personaje (nm) *personality, character*
personal (adj) *personal*
Perú (nm) *Peru*
pesadilla (nf) *nightmare*

pesado (adj) *heavy; a nuisance,
    a pain*
pescado (nm) *fish*
peseta (nf) *Spanish currency*
pianista (nm/nf) *piano player*
picadura (nf) *sting, bite*
pie (nm) *foot*
piel (nf) *skin*
pierna (nf) *leg*
pimienta (nf) *pepper*
pintor (nm) *painter*
piña (nf) *pineapple*
pipa (nf) *pipe*
Pirineos (nmpl) *Pyrenees*
piscina (nf) *swimming pool*
piso (nm) *flat, apartment*
pista (nf) *track*
pístola (nf) *pistol*
planchar (v) *to iron*
planeta (nf) *planet*
plano (nm) *plan*
planta (nf) *floor of department
    store*
plástico (adj) *plastic*
plátano (nm) *banana*
plato (nm) *dish, plate*
playa (nf) *beach*
plaza (nf) *square*
pluma (nf) *fountain pen*
pobre (adj) *poor*
pocilga (nf) *pigsty*
poco (adj, adv) *little, not much*
poder (ue) (v) *to be able*
poema (nm) *poem*
policía (nm/nf) *police officer*
polideportivo (nm) *sports
    centre*
político (nm, adj) *politician,
    political*
pollo (nm) *chicken*
polvo (nm) *dust*
poner (v) *to put*
popular (adj) *popular*
poquito (nm) *little bit*
por (prep) *for*
¿por qué? *why?*
porque *because*
posibilidad (nf) *possibility*
posible (adj) *possible*
posición (nf) *position*
póster (nm) *poster*
práctico (adj) *practical*
precio (nm) *price*
precioso (adj) *beautiful*
preferido (adj) *favourite*
preferir (ie) (v) *to prefer*
pregunta (nf) *question*
preguntar (v) *to ask*
preocupado (adj) *worried*
preocuparse (v) *to worry*
preparar (v) *to prepare*
preparativos (nmpl)
    preparations
presentación (nf) *presentation*
presentar (v) *to present*
pretérito (nm) *preterite*
previo (adj) *previous*

primavera (nf) *spring*
primer, primero (adj) *first (see
    Grammar index)*
principio (nm) *beginning*
prioridad (nf) *priority*
prisa (nf) *speed*
probablemente (adv) *probably*
problema (nm) *problem*
profe (= profesor(a)) *teacher*
profesión (nf) *profession*
profesional (adj) *professional*
profesor (nm) *teacher*
profundo (adj) *deep*
programa (nm) *programme*
prohibido (adj) *forbidden*
pronombre (nm) *pronoun (see
    Grammar index)*
pronóstico (nm) *forecast*
pronto (adv) *soon*
pronunciación
    (nf) *pronunciation*
propina (nf) *tip*
propio (adj) *own*
provincia (nf) *province*
próximo (adj) *next*
proyecto (nm) *project*
prueba (nf) *proof*
publicidad (nf) *publicity*
público (adj) *public*
pueblo (nm) *town*
puerta (nf) *door*
pues (adv) *well …*
puesto (nm) *job*
punto (nm) *point*
puntual (adj) *punctual*
puro (adj) *pure*

q

que *what, which (see Grammar
    index)*
que (adv) *that (see Grammar
    index)*
¿qué? *what?*
¡qué …! *what a …. ! (see
    Grammar index)*
quedarse (v) *to remain, stay*
quemadura (nf) *burn*
querer (ie) (v) *to want, to love
    (see Grammar index)*
querido (adj) *dear*
queso (nm) *cheese*
quien *who*
¿quién? *who?*
quince *fifteen*
quinientos *five hundred*
quizás *perhaps (adv)*

r

ración (nf) *portion*
radiador (nm) *radiator*
radio (nm) *radio*
rama (nf) *branch*
rápidamente (adv) *quickly*
rápido (adj) *quick*
raqueta (nf) *racket*
raramente (adv) *rarely*
raro (adj) *strange*

ratón (nm) *mouse (computer)*
raya (nf) *stripe*
razón (nf) *reason*
realmente (adv) *really*
rebajado (adj) *reduced*
recado (nm) *message*
recambio (nm) *spare (part)*
rechazar (v) *to refuse*
recibir (v) *to receive*
reciente (adj) *recent*
recientemente (adv) *recently*
reclamación (nf) *complaint*
recobrar (v) *to recover*
reconocimiento (nm)
    recognition
reconstituar (v) *to reconstitute*
recorrer (v) *to traverse*
recreo (nm) *break*
recuerdo (nm) *souvenir*
recuperar (v) *to recuperate*
red (nf) *net*
redondo (adj) *round*
reflejar (v) *to reflect*
refresco (nm) *cool drink*
regalo (nm) *gift*
régimen (nm) *diet*
región (nf) *region*
regla (nf) *ruler*
regresar (v) *to return*
regreso (nm) *return trip*
regular (adj) *so-so*
regularmente (adv) *regularly*
reina (nf) *queen*
reír (i) (v) *to laugh*
relajar (v) *to relax*
relajarse (v) *to rest*
rellenar (v) *to fill in*
reloj (nm) *watch, clock*
remuneración (nf) *pay, salary*
reñir (i) (v) *to scold*
repartidor (nm) *delivery person*
repente, de (adv) *suddenly*
representante (nm)
    representative
representar (v) *to represent*
reputación (nf) *reputation*
reseña (nf) *review*
reservar (v) *to reserve*
responsable (adj) *responsible*
respuesta (nf) *answer*
restaurante (nm) *restaurant*
resultado (nm) *result*
reunirse (v) *to meet*
revista (nf) *magazine*
rey (nm) *king*
Reyes Magos (nmpl) *Three
    Kings*
rico (adj) *rich*
ridículo (adj) *ridiculous*
río (nm) *river*
risa (nf) *laugh*
rítmico (adj) *rhythmic*
ritmo (nm) *rhythm*
robar (v) *to rob*
rodilla (nf) *knee*
rojo (adj) *red*
rollo (nm) *bore, pain (¡qué*

rollo! = what a pain!)
Roma (nf) *Rome*
romántico (adj) *romantic*
romper (v) *to break*
ropa (nf) *clothes*
roto (adj) *broken*
rotulador (nm) *felt-tip pen*
rubio (adj) *fair (hair)*
rueda (nf) *wheel*
ruso (nm, adj) *Russian*
ruta (nf) *route*

s

sábado (nm) *Saturday*
saber (v) *to know*
sacapuntas (nm) *pencil
    sharpener*
sacar (v) *to take out*
sal (nm) *salt*
salario (nm) *salary, wage*
salida (nf) *exit*
salir (v) *to go out*
salón (nm) *lounge*
salsa (nf) *sauce*
salud (nf) *health*
salvar (v) *to save (rescue)*
San (= Santo) *saint*
sangre (nf) *blood*
sangriento (adj) *bloody*
sano (adj) *healthy*
santa (nf) *female saint*
santo (adj) *holy*
satisfactorio (adj) *satisfactory*
sección (nf) *section,
    department*
seco (adj) *dry*
secretaria (nf) *secretary*
secreto (nm) *secret*
según (prep) *according to*
segundo (adv) *second*
seguridad (nf) *security*
seguro (adj) *sure*
seis *six*
seiscientos *six hundred*
seleccionar (v) *to choose*
sello (nm) *stamp*
selva (nf) *forest*
semana (nf) *week*
Semana Santa *Easter, Holy
    Week*
sencillo (adj) *single, simple*
sentido (nm) *sense*
sentirse (ie) (v) *to feel, regret
    (lo siento = I'm sorry)*
señor (nm) *Mr*
señora (nf) *Mrs*
señorita (nf) *Miss*
separación (nf) *separation*
septiembre (nm) *September*
ser (v) *to be (see Grammar
    index)*
serie (nf) *series*
serio (adj) *serious*
servir (i) (v) *to be of use*
sesenta *sixty*
setecientos *seven hundred*
setenta *seventy*

severo (adj)   strict
si (prep)   if
sí   yes
siempre (adv)   always
siete   seven
significar (v)   to mean
siguiente (adj)   following
silla (nf)   chair
símbolo (nm)   symbol
simpático (adj)   nice
simplemente (adv)   simply
sin (prep)   without
sin embargo   however
siquiera   at least
sitio (nm)   place
situación (nf)   situation
sobre (prep)   above
sobremesa (nf)   after-dinner chat
sobre todo (adv)   above all
sociedad (nf)   society
sol (nm)   sun
solamente (adv)   only
soldado (nm)   soldier
solo (adj)   alone
solución (nf)   solution
sonrisa (nf)   smile
soñar (ue) (v)   to dream
sopa (nf)   soup
sordo (adj)   deaf
sorpresa (nf)   surprise
sótano (nm)   basement
su   his/her, your (see Grammar
   index)
subir (v)   to go up
submarino (nm)   submarine
sucio (adj)   dirty
sueldo (nm)   wage
sueño (nm)   dream
suficiente (adj)   sufficient
supermercado (nm)
   supermarket
suplementario (adj)   extra
sur (nm)   south
sureste (nm)   south east
suroeste (nm)   south west

t

tabaco (nm)   tobacco
tabla (nf)   grid, table
tal   such
talento (nm)   talent
talentoso (adj)   talented
Talgo (nm)   type of train
también   also
tampoco   neither
tan (adv)   so (see Grammar
   index)
tanto (adv)   so much (see
   Grammar index)
tapas (nfpl)   snacks
taquilla (nf)   box office
tarde (nf)   afternoon, evening
tarde (adj, adv)   late
tarea (nf)   task, chore
tarjeta (nf)   card
taza (nf)   cup
té (nm)   tea

teatral (adj)   theatrical
teatro (nm)   theatre
teclado (nm)   keyboard
tecnología (nf)   technology
tele (= televisión)   TV
telefonear (v)   to telephone
teléfono (nm)   telephone
televisión (nf)   television
tema (nm)   theme
temblar (ie) (v)   to tremble
temprano (adv)   early
tener (ie) (v)   to have (see
   Grammar index)
tenis (nm)   tennis
tercer, tercero (adj)   third
terminar (v)   to end
termómetro (nm)   thermometer
terraza (nf)   terrace
terrible (adj)   awful
terriblemente (adv)   awfully
texto (nm)   text
ti   you (see Grammar index)
tía (nf)   aunt
tiempo (nm)   time, weather
tienda (nf)   shop
tierra (nf)   land
tímido (adj)   shy, timid
tinto (adj)   red (wine)
tío (nm)   uncle
típico (adj)   typical
tipo (nm)   type
tirita (nf)   sticking plaster
tiritar (v)   to shiver
título (nm)   title, heading
toalla (nf)   towel
tocar (v)   to touch, play
   (instrument)
todavía (adv)   still, yet
todo (adj)   all
tomar (v)   to take
tomate (nm)   tomato
tontería (nf)   foolishness
tonto (adj)   idiot
torcer (ue) (v)   to turn
tormenta (nf)   storm
toro (nm)   bull
tortilla (nf)   omelette
tostada (nf)   toast
total (nm, adj)   total
totalmente (adv)   completely
trabajar (v)   to work
trabajo (nm)   job
tradición (nf)   tradition
tradicional (adj)   traditional
traer (v)   to bring
tráfico (nm)   traffic
tragedia (nf)   tragedy
traicionar (v)   to betray
traje (nm)   suit
tranquilo (adj)   calm, quiet
transformar (v)   to transform
transporte (nm)   transport
tratar (v)   to try
trece   thirteen
treinta   thirty
tremendo (adj)   tremendous
tren (nm)   train

tres   three
trescientos   three hundred
triste (adj)   sad
tristemente (adv)   sadly
trono (nm)   throne
trozo (nm)   piece, slice
trucha (nf)   trout
tu   your (see Grammar index)
tú   you (see Grammar index)
turista (nm/nf)   tourist
turístico (adj)   tourist
¡túrnate!   take turns!
turno (nm)   rota

u

último (adj)   last
un/una   a (see Grammar index)
único (adj)   only
unidad (nf)   unit
uniforme (nm)   uniform
universidad (nf)   university
uno   one (see Grammar index)
urgentemente (adv)   urgently
usado (adj)   used
útil (adj)   useful
utilizar (v)   to use

v

vacación (nf)   holiday
vale   OK
valenciano (nm, adj)   (person)
   from Valencia
valle (nm)   valley
vampiro (nm)   vampire
vaqueros (nmpl)   jeans
variado (adj)   various
varios (adj)   several
vasco (nm, adj)   Basque
vaso (nm)   glass (for drink)
vecino (nm)   neighbour
vegetariano (nm, adj)
   vegetarian
vehículo (nm)   vehicle
veinte   twenty
vela (nf)   candle
velocidad (nf)   speed
vender (v)   to sell
venderse (v)   to be sold
venganza (nf)   revenge
ventaja (nf)   advantage
ventana (nf)   window
ver (v)   to see, watch
verano (nm)   summer
verbo (nm)   verb
¿verdad?   really?
verdaderamente (adv)   truly
verdadero (adj)   true
verde (adj)   green
verdura (nf)   vegetable
versión (nf)   version
verso (nm)   verse
vestido (nm)   dress
vestuario (nm)   dressing room
veterinario (nm)   vet
vez (nf)   time, occasion
viajar (v)   to travel
viaje (nm)   journey

viajero (nm)   traveller
víctima (nf)   victim
vida (nf)   life
vídeo (nm)   video
videojuego (nm)   videogame
viento (nm)   wind
viernes (nm)   Friday
vigilar (v)   to watch
vino (nm)   wine
violencia (nf)   violence
violín (nm)   violin
visita (nf)   visit
visitar (v)   to visit
vivir (v)   to live
vocabulario (nm)   vocabulary
vocal (nf)   vowel
volar (ue) (v)   to fly
volcán (nm)   volcano
volver (ue) (v)   to return
vosotros   you (see Grammar
   index)
vuelta (nf)   return
vuestro (adj)   your (see
   Grammar index)

w

walkman (nm)   walkman
windsurf (nm)   windsurfing

y

ya (adv)   already
yo   I (see Grammar index)
yogur (nm)   yoghurt

z

zapatería (nf)   shoe shop
zapatilla (nf)   trainer
zapato (nm)   shoe

English–Spanish

a

a *un/una* (see Grammar index)
able, to be *poder (ue)* (v)
above *arriba* (adv), *sobre* (prep)
above all *sobre todo* (adv)
accident *accidente* (nm)
accompany *acompañar* (v)
according to *según* (prep)
accountant *contable* (nm/nf)
accusation *acusación* (nf)
action *acción* (nf)
activity *actividad* (nf)
actor *actor* (nm)
add *añadir* (v)
address *dirección* (nf)
admire *admirar* (v)
adopt *adoptar* (v)
adult *adulto* (nm, adj)
advantage *ventaja* (nf)
adventure *aventura* (nf)
advertisement *anuncio* (nm)
advice *consejo* (nm)
aerobic *aeróbico* (adj)
afraid, to be *tener miedo*
after *después* (adv)
afternoon *tarde* (nf)
against *contra* (prep)
age *edad* (nf)
agreed *acordado* (adj)
agreement *acuerdo* (nm)
alarm clock *despertador* (nm)
alien *extraterrestre* (nm)
all *todo* (adj)
allow *permitir* (v)
almond *almendra* (nf)
alone *solo* (adj)
alphabet *alfabeto* (nm)
already *ya* (adv)
also *también* (adv)
always *siempre* (adv)
ambition *ambición* (nf)
ambulance *ambulancia* (nf)
American *americano* (nm, adj)
angry *enfadado* (adj), *furioso* (adj)
angry, to get *enfadarse* (v)
animal *animal* (nm)
announce *anunciar* (v)
annoy *molestar* (v)
annoyed *enojado* (adj)
answer *contestación* (nf), *respuesta* (nf)
answer *contestar* (v)
answering machine *contestador* (nm) *automático* (adj)
appropriate *adecuado* (adj), *apropiado* (adj)
April *abril* (nm)
Arab *árabe* (nm, adj)
arch *arco* (nm)
architect *arquitecto* (nm)
architecture *arquitectura* (nf)
argue *disputar* (v)
argument *disputa* (nf)

arm *brazo* (nm)
arrive *llegar* (v)
art *arte* (nm)
article *artículo* (nm)
ask *preguntar* (v)
ask for *pedir (i)* (v)
aspirin *aspirina* (nf)
athletic *atlético* (adj)
athletics *atletismo* (nm)
atmosphere *ambiente* (nm)
attend *asistir* (v)
attentively *atentamente* (adv)
attractive *atractivo* (adj)
August *agosto* (nm)
aunt *tía* (nf)
automatic *automático* (adj)
autumn *otoño* (nm)
avoid *evitar* (v)
awful *fatal* (adj) (how you feel), *terrible* (adj)
awfully *terriblemente* (adv)

b

baby *bebé* (nm)
babysitting *canguro* (nm)
bad *malo* (adj)
badly *mal* (adv)
badminton *bádminton* (nm)
bag *bolso* (nm)
bakery *panadería* (nf)
Balearic Islands *Baleares (Islas)* (nfpl)
ball *balón* (nm)
banana *plátano* (nm)
bar *bar* (nm)
baseball *béisbol* (nm)
basketball *baloncesto* (nm)
Basque *vasco* (nm, adj)
bat *murciélago* (nm)
bath *baño* (nm)
be *ser* (v), *estar* (v)
beach *playa* (nf)
beat *batir* (v)
beautiful *bello* (adj), *precioso* (adj)
because *porque*
bed *cama* (nf)
bedroom *dormitorio* (nm)
before *antes* (adv)
begin *comenzar (ie)* (v), *empezar (ie)* (v)
beginning *principio* (nm)
behind *atrás* (adv), *detrás* (adv)
believe *creer* (v)
below *abajo* (adv), *debajo* (prep)
belt *cinturón* (nm)
betray *traicionar* (v)
better *mejor* (adj) (see Grammar index)
between *entre* (prep)
bicycle *bicicleta* (nf)
big *grande* (adj)
biro *bolígrafo (boli)* (nm)
birth *nacimiento* (nm)
birthday *cumpleaños* (nm)
bishop *obispo* (nm)

black *negro* (adj)
blouse *blusa* (nf)
blue *azul* (adj)
boat *barco* (nm)
body *cuerpo* (nm)
book *libro* (nm)
boot *bota* (nf)
border *frontera* (nf)
bore *rollo* (nm)
boring *aburrido* (adj)
born, to be *nacer* (v)
boss *jefe* (nm)
bottle *botella* (nf)
bottle opener *abrebotellas* (nm)
bowling alley *bolera* (nf)
box *caja* (nf) (container), *casilla* (nf) (on a form)
boy *chico* (nm)
boyfriend *novio* (nm)
bread *pan* (nm)
break (interval) *recreo* (nm)
break *romper* (v)
breakfast *desayuno* (nm)
brilliant *fenomenal* (adj)
bring *traer* (v)
Britain *Gran Bretaña* (nf)
British *británico* (nm, adj)
broken *roto* (adj)
brother *hermano* (nm)
brown *marrón* (adj)
brush your teeth *cepillarse* (v) *los dientes* (nmpl)
building *edificio* (nm)
bull *toro* (nm)
burn *quemadura* (nf)
bus *autobús* (nm)
bus stop *parada* (nf)
business *negocio(s)* (nm(pl))
busy with, to be *ocuparse* (v)
busy *ocupado* (adj)
but *pero*
butcher's shop *carnicería* (nf)
buy *comprar* (v)

c

cake *pastel* (nm)
calculator *calculadora* (nf)
calendar *calendario* (nm)
calculate *calcular* (v)
call *llamar* (v)
called, to be *llamarse* (v)
calm *tranquilo* (adj)
campsite *camping* (nm)
Canary Isles *Canarias (Islas)* (nfpl)
Cantabrian *cantábrico* (adj)
canteen *cantina* (nf)
cap *gorra* (nf)
capital *capital* (nf, adj)
car *automóvil* (nm), *coche* (nm)
card *tarjeta* (nf)
career *carrera* (nf)
carnival *carnaval* (nm)
carpet *alfombra* (nf)
carry *llevar* (v)
cartoon *dibujos animados* (nmpl)
case *caso* (nm)

cassette *casete* (nm)
Castilian *castellano* (nm, adj)
Castille *Castilla* (nf)
Catalan *catalán* (nm, adj)
catalogue *catálogo* (nm)
Catalonia *Cataluña* (nf)
catch *coger* (v)
cathedral *catedral* (nf)
Catholic *católico* (adj)
cause *causa* (nf)
celebrate *celebrar* (v)
cemetery *cementerio* (nm)
central *central* (adj)
centre *centro* (nm)
cereal(s) *cereales* (nmpl)
ceremony *ceremonia* (nf)
certain *cierto* (adj)
certainly *ciertamente* (adv)
chair *silla* (nf)
champion *campeón* (nm)
championship *campeonato* (nm)
change *cambiar* (v)
channel (TV) *canal* (nm)
character *personaje* (nm)
chat *charlar* (v)
cheap *barato* (adj)
cheese *queso* (nm)
chemist's *farmacia* (nf)
chicken *pollo* (nm)
child *niña* (nf), *niño* (nm)
chocolate *chocolate* (nm)
choose *elegir (i)* (v), *escoger* (v), *seleccionar* (v)
Christmas *Navidad* (nf)
church *iglesia* (nf)
cigarette *cigarrillo* (nm)
cinema *cine* (nm)
circumstances *circunstancias* (nfpl)
city *ciudad* (nf)
class (lesson) *clase* (nf)
clean *limpiar* (v)
clean *limpio* (adj)
clear (obvious) *claro* (adj)
clock *reloj* (nm)
close (near) *acerca* (adv)
close *cerrar (ie)* (v)
closed *cerrado* (adj)
clothes *ropa* (nf)
cloud *nube* (nf)
cloudy *nublado* (adj)
coach *autocar* (nm)
coast *costa* (nf)
coffee *café* (nm)
coffee shop *cafetería* (nf)
cold *frío* (adj)
cold, to be (person) *tener frío*
cold, to be (weather) *hacer frío*
colour *color* (nm)
comfortable *cómodo* (adj)
comic *cómico* (adj)
commentary *comentario* (nm)
compact disc *disco compact* (nm), CD (nm)
company (business) *compañía* (nf), *empresa* (nf)

compete   *competir (i) (v)*
competition   *competición (nf),*
   concurso (nm)
complete   *completar (v)*
completely   *completamente*
   (adv), totalmente (adv)
computer   *ordenador (nm)*
concert   *concierto (nm)*
consider   *considerar (v)*
constantly   *constantemente*
   (adv)
construction   *construcción (nf)*
contact   *contacto (nm)*
continuation   *continuación (nf)*
conversation   *conversación (nf)*
cook   *cocinar (v)*
cool   *fresco (adj)*
copy   *copiar (v)*
correct   *correcto (adj)*
corridor   *corredor (nm)*
correspond   *cartearse (v)*
cost   *costar (ue) (v)*
cotton   *algodón (nm)*
cough syrup   *jarabe (nm)*
country   *país (nm)*
course   *curso (nm)*
cream   *crema (nf), nata (nf)*
cry   *llorar (v)*
cup   *taza (nf)*
cupboard   *armario (nm)*
custom   *costumbre (nf)*
customer   *cliente (nm/nf)*
cut   *cortar (v)*
cycling   *ciclismo (nm)*

d

dad   *papá (nm)*
daily   *diario (adj)*
dance   *bailar (v)*
dangerous   *peligroso (adj)*
darkness   *oscuridad (nf)*
date   *fecha (nf)*
daughter   *hija (nf)*
day   *día (nm)*
deaf   *sordo (adj)*
dear   *cariño (adj), querido (adj)*
   (in informal letters), estimado
   (adj) (in formal letters)
December   *diciembre (nm)*
decide   *decidir (v)*
delicious   *delicioso (adj)*
delight   *encantar (v)*
deliver   *entregar (v)*
delivery person   *repartidor (nm)*
dentist   *dentista (nm/nf)*
department   *sección (nf)*
department store   *almacén (nm)*
depressed   *deprimido (adj)*
describe   *describir (v)*
description   *descripción (nf)*
design   *diseñar (v)*
desperate   *desesperado (adj)*
destination   *destino (nm)*
diary   *agenda (nf)*
dictionary   *diccionario (nm)*
die   *morir (ue) (v)*
diet   *régimen (nm)*

difference   *diferencia (nf)*
different   *diferente (adj)*
dining room   *comedor (nm)*
dinner (evening meal)   *cena*
   (nf)
direction   *dirección (nf)*
dirty   *sucio (adj)*
disadvantage   *desventaja (nf),*
   inconveniente (nm)
disaster   *desastre (nm)*
discotheque   *discoteca (nf)*
discount   *descuento (nm)*
discover   *descubrir (v)*
disgusting   *asqueroso (adj), asco*
   (adj)
dish   *plato (nm)*
disk (computer)   *disquete (nm)*
disorganised   *desorganizado*
   (adj)
distance   *distancia (nf)*
distant   *lejano (adj)*
district   *barrio (nm)*
divorce   *divorcio (nm)*
do   *hacer (v)*
doctor   *médico (nm)*
documentary   *documental*
   (nm, adj)
dog   *perro (nm)*
door   *puerta (nf)*
dramatic   *dramático (adj)*
draw   *dibujar (v)*
drawing   *dibujo (nm)*
dreadful   *horrible (adj)*
dream   *soñar (ue) (v)*
dream   *sueño (nm)*
dress   *vestido (nm)*
drink   *beber (v)*
drink   *bebida (nf), refresco (nm)*
   (cold drink)
drive   *conducir (v)*
drug   *droga (nf)*
drum kit   *batería (nf)*
dry   *seco (adj)*
during   *durante (prep)*
dust   *polvo (nm)*
dust   *limpar (v) el polvo*
Dutch   *holandés (nm, adj)*

e

each   *cada (adj)*
early   *temprano (adv)*
early morning   *madrugada (nf)*
earn   *ganar (v)*
easy   *fácil (adj)*
eat   *comer (v)*
education   *educación (nf)*
effort   *esfuerzo (nm)*
egg   *huevo (nm)*
electrician   *electricista (nm/nf)*
electronic   *electrónico (adj)*
employee   *empleado (nm)*
end   *fin (nm)*
engineer   *ingeniero (nm)*
England   *Inglaterra (nf)*
English   *inglés (nm, adj)*
entrance   *entrada (nf)*
eraser   *goma (nf)*

error   *error (nm)*
essential   *esencial (adj)*
Europe   *Europa (nf)*
European   *europeo (nm, adj)*
even   *aún (adv)*
evening   *tarde (nf)*
exactly   *exactamente (adv)*
examination   *examen (nm)*
example   *ejemplo (nm)*
excellent   *excelente (adj)*
exchange   *intercambio (nm)*
excited   *ilusionado (adj)*
exciting   *emocionante (adj)*
excuse   *disculpa (nf)*
exercise   *ejercer (v)*
exercise   *ejercicio (nm)*
exercise book   *cuaderno (nm)*
exit   *salida (nf)*
expensive   *caro (adj)*
experience   *experiencia (nf)*
explain   *explicar (v)*
explanation   *explicación (nf)*
extra   *suplementario (adj)*
eye   *ojo (nm)*

f

fabulous   *fabuloso (adj)*
factory   *fábrica (nf)*
fair   *justo (adj); rubio (adj) (hair)*
fall (down)   *caerse (v)*
false   *falso (adj)*
family   *familia (nf)*
famous   *famoso (adj)*
fan   *aficionado (nm) (enthusiast)*
fantastic   *fantástico (adj)*
fantasy   *fantasía (nf)*
far   *lejos (adv)*
farm   *granja (nf)*
fashion   *moda (nf)*
fat   *gordo (adj)*
fat (grease)   *grasa (nf)*
father   *padre (nm)*
favourite   *favorito (adj),*
   preferido (adj)
February   *febrero (nm)*
fed up   *harto (adj)*
feel   *sentirse (ie) (v)*
felt-tip pen   *rotulador (nm)*
field   *campo (nm)*
fill   *llenar (v), rellenar (v)*
film   *película (nf)*
final   *final (nm, adj)*
find   *encontrar (ue) (v)*
finger   *dedo (nm)*
finish   *terminar (v)*
fire   *fuego (nm), incendio (nm)*
firm   *empresa (nf) (company)*
first   *primero (adj)*
first-aid kit   *botiquín (nm)*
fish   *pescado (nm)*
flat (apartment)   *apartamento*
   (nm), piso (nm)
flower   *flor (nf)*
fly   *volar (ue) (v)*
fog   *niebla (nf)*
following   *siguiente (adj)*
food   *comida (nf)*

foot   *pie (nm)*
football   *fútbol (nm)*
football player   *futbolista*
   (nm/nf)
for   *para, por*
forbidden   *prohibido (adj)*
forecast (weather)   *pronóstico*
   (nm)
foreigner   *extranjero (nm, adj)*
forget   *olvidar (v)*
form   *formulario (nm)*
form   *forma (nf)*
France   *Francia (nf)*
free   *libre (adj)*
freedom   *libertad (nf)*
French   *francés (nm, adj)*
frequent   *frecuente (adj)*
frequently   *frecuentemente*
   (adv)
Friday   *viernes (nm)*
friend   *amigo (nm), compañero*
   (nm)
from   *de*
funny (amusing)   *divertido (adj)*
furniture   *mueble (nm)*
future   *futuro (nm)*

g

galaxy   *galaxia (nf)*
gang   *pandilla (nf)*
garage   *garaje (nm)*
garden   *jardín (nm)*
gear   *marcha (nf)*
general   *general (nm, adj)*
generally   *generalmente (adv)*
geography   *geografía (nf)*
German   *alemán (nm, adj)*
get on well (with
   someone)   *llevarse bien (v)*
get up   *levantarse (v)*
gift   *regalo (nm)*
girl   *chica (nf)*
girlfriend   *novia (nf)*
give   *dar (v)*
glass (for drink)   *vaso (nm)*
glasses (spectacles)   *gafas (nfpl)*
go   *ir (v)*
go for a walk   *pasearse (v)*
go out   *salir (v)*
go to bed   *acostarse (ue) (v)*
go up   *subir (v)*
gold   *oro (nm)*
good   *bueno (adj)*
goodbye   *adiós*
good-looking   *guapo (adj)*
grandfather   *abuelo (nm)*
Greece   *Grecia (nf)*
green   *verde (adj)*
group   *grupo (nm)*
guess   *adivinar (v)*
guide   *guía (nm/nf)*
guidebook   *guía (nf)*
guitar   *guitarra (nf)*
gymnasium   *gimnasio (nm)*

h

hair   *pelo (nm)*
hairdresser   *peluquero/a (nm/nf)*
hairdresser's   *peluquería (nf)*
half   *mitad (nf), medio (adj)*
ham   *jamón (nm)*
hamburger   *hamburguesa (nf)*
handball   *balonmano (nm)*
handsome   *guapo (adj)*
happiness   *alegría (nf)*
happy   *contento (adj)*
hate   *odiar (v)*
have   *tener (ie) (v) (possess);*
    hacer (v) (to have done
    something = perfect tense, see
    Grammar index)
have just ...   *acabar (v) de*
have to   *tener (ie) (v) que*
he   *él (see Grammar index)*
head   *cabeza (nf)*
health   *salud (nf)*
healthy   *sano (adj)*
hear   *oír (v)*
heat   *calor (nm)*
help   *ayudar (v)*
her   *su (see Grammar index)*
here   *aquí (adv)*
Hey!   *¡Oye!*
Hi!   *¡Hola!*
hide (oneself)   *esconderse (v)*
hike   *caminata (nf)*
hire   *alquilar (v)*
his   *su (see Grammar index)*
history   *historia (nf)*
hobby   *pasatiempo (nm)*
holiday   *vacación (nf)*
homework   *deberes (nmpl)*
honestly   *honestamente (adv)*
hoover   *aspiradora (nf)*
hoover   *pasar (v) la aspiradora*
    (nf)
hope   *esperanza (nf)*
hope   *esperar (v)*
horror   *horror (nm), terror (nm)*
horse   *caballo (nm)*
horse riding   *equitación (nf)*
hospital   *hospital (nm)*
hot   *caliente (adj)*
hot, to be (person)   *tener (ie)*
    (v) calor (nm)
hot, to be (weather)   *hacer (v)*
    calor (nm)
hotel   *hotel (nm)*
hour   *hora (nf)*
house   *casa (nf)*
housework   *tareas (nfpl)*
    domésticas (adj)
how much   *cuanto, ¿cuánto?*
how   *como (adv) ¿Cómo? (adv)*
huge   *enorme (adj)*
hundred   *cien, ciento*
hunger   *hambre (nf)*
hungry   *hambriento (adj)*
hungry, to be   *tener (ie) (v)*
    hambre
hurt   *doler (ue) (v)*

i

I   *yo (see Grammar index)*
ice   *hielo (nm)*
ice cream   *helado (nm)*
ice cream shop   *heladería (nf)*
idea   *idea (nf)*
identify   *identificar (v)*
identity   *identidad (nf)*
idiot   *tonto (adj)*
if   *si*
ill   *enfermo (adj)*
illustrate   *ilustrar (v)*
imaginary   *imaginario (adj)*
imagine   *imaginar (v), fijarse (v)*
immediately   *inmediatamente*
    (adv)
impolite   *descortés (adj)*
importance   *importancia (nf)*
impressive   *impresionante (adj)*
in   *en*
include   *incluir (v)*
incorrect   *incorrecto (adj)*
incredible   *increíble (adj)*
information   *información (nf)*
injured   *herido (adj)*
insect   *insecto (nm)*
inside   *dentro (adv, prep)*
install   *instalar (v)*
intelligent   *inteligente (adj)*
interest   *interés (nm)*
interesting   *interesante (adj)*
international   *internacional*
    (adj)
interview   *entrevista (nf)*
interview   *entrevistar (v)*
interviewer   *entrevistador (nm)*
invitation   *invitación (nf)*
invite   *invitar (v)*
Ireland   *Irlanda (nf)*
Irish   *irlandés (nm, adj)*
iron   *planchar (v)*
it   *lo*
Italian   *italiano (nm, adj)*
Italy   *Italia (nf)*

j

jacket   *chaqueta (nf)*
jam   *mermelada (nf)*
January   *enero (nm)*
jeans   *vaqueros (nmpl)*
job   *puesto (nm), trabajo (nm)*
journalist   *periodista (nm/nf)*
journey   *viaje (nm)*
July   *julio (nm)*
June   *junio (nm)*

k

karate   *kárate (nm)*
keep   *conservar (v), guardar (v)*
keep fit   *mantenerse (ie) (v) en*
    forma (nf)
keyboard   *teclado (nm)*
kill   *matar (v)*
kilo   *kilo (nm)*
kilometre   *kilómetro (nm)*
kind (helpful)   *amable (adj)*
kind (sort)   *tipo (nm)*

kiss   *beso (nm)*
kitchen   *cocina (nf)*
knee   *rodilla (nf)*
knife   *cuchillo (nm)*
know (someone)   *conocer (v)*
know (about)   *saber (v)*

l

laboratory   *laboratorio (nm)*
lamp   *lámpara (nf)*
land   *tierra (nf)*
language   *idioma (nf)*
last   *durar (v)*
last   *último (adj)*
last night   *anoche (adv)*
late   *tarde (adj, adv)*
laugh   *reír (i) (v)*
laugh   *risa (nf)*
lawyer   *abogado (nm)*
lazy   *perezoso (adj)*
leaflet   *folleto (nm)*
learn   *aprender (v)*
at least   *siquiera*
leather   *cuero (nm)*
leave   *dejar (v)*
leg   *pierna (nf)*
leisure   *ocio (nm)*
lemonade   *limonada (nf)*
less   *menos (adv)*
lesson   *clase (nf)*
letter (communication)   *carta*
    (nf)
letter (of alphabet)   *letra (nf)*
lettuce   *lechuga (nf)*
level   *nivel (nm)*
life   *vida (nf)*
lift   *ascensor (nm)*
light   *luz (nf)*
line   *línea (nf)*
Lisbon   *Lisboa (nf)*
list   *lista (nf)*
listen   *escuchar (v)*
litre   *litro (nm)*
little   *poco (adj)*
little bit   *poquito (nm)*
little brother, little
    sister   *hermanito (nm),*
    hermanita (nf)
lively   *animado (adj)*
long   *largo (adj)*
look after   *cuidar (v) de*
look at   *mirar (v)*
look for   *buscar (v)*
lorry   *camión (nm)*
lose   *perder (ie) (v)*
a lot   *mucho (adj, adv),*
    muchísimo (adv)
lounge   *salón (nm)*
love   *amor (nm)*
love from .... (in letters)   *un*
    abrazo
love   *adorar (v), querer (ie) (v)*
in love   *enamorado (adj)*
lover   *amante (nm/nf)*
low   *bajo (adj)*
lunch   *almuerzo (nm)*

m

machine   *máquina (nf)*
magazine   *revista (nf)*
Majorca   *Mallorca (nf)*
make   *hacer (v)*
make-up   *maquillaje (nm)*
man   *hombre (nm)*
manage   *administrar (v)*
map   *mapa (nm)*
March   *marzo (nm)*
mark   *nota (nf)*
market   *mercado (nm)*
marriage   *matrimonio (nm)*
married, to get   *casarse (v)*
match (sport)   *partido (nm)*
maths   *matemáticas (nfpl)*
maximum   *máximo (adj)*
May   *mayo (nm)*
mayonnaise   *mayonesa (nf)*
mean   *significar (v)*
meat   *carne (nf)*
mechanic   *mecánico (nm)*
medicine (subject of
    study)   *medicina (nf)*
medicine (to be
    taken)   *medicamento (nm)*
meet   *encontrar (ue) (v),*
    reunirse (v)
member   *miembro (nm)*
mention   *mencionar (v)*
menu   *menú (nm)*
mess   *desorden (nm)*
message   *mensaje (nm), recado*
    (nm)
Mexican   *mejicano (nm, adj)*
Mexico   *Méjico (nm)*
midday   *mediodía (nm)*
midnight   *medianoche (nf)*
milk   *leche (nf)*
million   *millón*
millionaire   *millonario (nm)*
mineral water   *agua (nf)*
    mineral (adj)
minimum   *mínimo (nm, adj)*
minute   *minuto (nm)*
modern   *moderno (adj)*
moment   *momento (nm)*
Monday   *lunes (nm)*
money   *dinero (nm)*
monitor   *monitor (nm)*
month   *mes (nm)*
monument   *monumento (nm)*
moon   *luna (nf)*
more   *más (adv)*
morning   *mañana*
mother   *madre (nf)*
motorcycle   *motocicleta (nf)*
mountain   *montaña (nf)*
mouse (computer)   *ratón (nm)*
mouse mat   *alfombrilla (nf)*
move (house)   *mudarse (v)*
mum   *mamá (nf)*
museum   *museo (nm)*
music   *música (nf)*
mussel   *mejillón (nm)*
must   *tener (ie) (v) que*
my   *mi (see Grammar index)*

n

name   nombre (nm)
national   nacional (adj)
nationality   nacionalidad (nf)
Navarre   Navarra (nf)
near   cerca (adv)
necessary   necesario (adj)
neck   cuello (nm)
need   necesitar (v)
neither   tampoco (adv)
nervous   nervioso (adj)
never   nunca (adv)
new   nuevo (adj)
news   noticia (nf)
newspaper   periódico (nm)
next   luego (adv), próximo (adj)
nice   simpático (adj)
night   noche (nf)
nightmare   pesadilla (nf)
no   no
nobody   nadie
none   ningún, ninguno (adj)
normally   normalmente (adv)
north   norte (nm)
north-east   noreste (nm)
north-west   noroeste (nm)
not   no, ni
note   apuntar (v), notar (v)
nothing   nada
November   noviembre (nm)
now   ahora (adv)
nuisance   pena (nf), pesado (adj)
number   número (nm)
nurse   enfermero/a (nm/nf)

o

object   objeto (nm)
obtain   obtener (ie) (v)
ocean   océano (nm)
October   octubre (nm)
of   de
offer   ofrecer (v)
office   oficina (nf)
Oh dear!   ¡Ay!
OK   vale
old   antiguo (adj)
older   mayor (adj)
olive   aceituna (nf)
omelette   tortilla (nf)
onion   cebolla (nf)
only   solamente (adv)
only (child)   único (adj)
open   abierto (adj)
open   abrir (v)
opinion   opinión (nf)
opposite   enfrente (prep)
order   encargo (nm) (business), orden (nm)
organisation   organización (nf)
other   otro (adj)
ought to   deber (v)
our   nuestro (adj) (see Grammar index)
outside   fuera (adv)
owl   búho (nm)
own   propio (adj)

p

page   página (nf) (in book)
painter   pintor (nm)
paper   papel (nm)
parcel   paquete (nm)
pardon   perdón (nm)
parents   padres (nmpl)
park   parque (nm)
partner   pareja (nf)
party   fiesta (nf)
past   pasado (adj)
patient   paciente (nm/nf)
pay for   pagar (v)
pay   remuneración (nf)
peanut   cacahuete (nm)
peel   pelar (v)
pencil   lápiz (nm)
pencil case   estuche (nm)
pencil sharpener   sacapuntas (nm)
penknife   navaja (nf)
penpal   corresponsal (nm/nf)
people   gente (nf)
pepper   pimienta (nf)
perfect   perfecto (adj)
perhaps   quizás (adv)
permit   permitir (v)
person   persona (nf)
phone   telefonear (v), llamar (v) por teléfono (nm)
photograph   foto = fotografía (nf)
picnic   merienda (nf) en el campo
picture   dibujo (nm), ilustración (nf), imagen (nf), cuadro (nm) (painting)
piece   trozo (nm)
pity   lástima (nf)
place   lugar (nm), sitio (nm)
plane   avión (nf)
plastic   plástico (adj)
play (game)   jugar (ue) (v)
play (instrument)   tocar (v)
play truant   hacer novillos
player   jugador (nm)
pleasant   agradable (adj)
please   gustar (v) (see Grammar index)
please   por favor
police officer   policía (nm/nf)
police station   comisaría (nf)
polite   cortés (adj)
politeness   cortesía (nf)
pollute   contaminar (v)
poor   pobre (adj)
portion   ración (nf)
position   posición (nf)
possibility   posibilidad (nf)
possible   posible (adj)
poster   póster (nm)
potato   patata (nf)
prefer   preferir (ie) (v)
preparations   preparativos (nmpl)
prepare   preparar (v)
present (gift)   regalo (nm)

present   presentar (v)
presentation   presentación (nf)
pretty   bonito (adj), guapo (adj)
price   precio (nm)
price tag   etiqueta (nf)
printer   impresora (nf)
probably   probablemente (adv)
problem   problema (nm)
profession   profesión (nf)
professional   profesional (adj)
programme   programa (nm), emisión (nf)
pupil   alumno (nm)
purse   monedero (nm)
push   empujar (v)
put   poner (v)
Pyrenees   Pirineos (nmpl)

q

qualification   calificación (nf)
quantity   cantidad (nf)
question   cuestión (nf), pregunta (nf)
questionnaire   cuestionario (nm)
quick   rápido (adj)
quickly   rápidamente (adv)
quite   bastante (adv)

r

racket   raqueta (nf)
radio   radio (nm)
railway   ferrocarril (adj)
rain   llover (ue) (v)
rain   lluvia (ue) (nf)
rarely   raramente (adv)
reach   alcanzar (v)
read   leer (v)
ready   listo (adj)
really   realmente (adv); ¿verdad?
reason   razón (nf)
receive   recibir (v)
recent   reciente (adj)
recently   recientemente (adv)
record   grabar (v)
recording   grabación (nf)
recover   recuperar (v)
red   rojo (adj); tinto (adj) (wine)
refrigerator   nevera (nf)
refuse   rechazar (v)
region   región (nf)
regularly   regularmente (adv)
relax   relajar (v)
remember   acordarse (ue) (v)
rest   descansar (v), relajarse (v)
rest   descanso (nm)
restaurant   restaurante (nm)
result   resultado (nm)
return   volver (ue) (v), regresar (v)
return trip   vuelta (nf)
return (ticket)   ida y vuelta
revolting   asqueroso (adj)
rhythm   ritmo (nm)
rich   rico (adj)
ridiculous   ridículo (adj)
right   derecho (adj) (direction, side); correcto (adj) (correct)

river   río (nm)
road   carretera (nf)
room   cuarto (nm)
rota   turno (nm)
round   redondo (adj)
route   ruta (nf)
rubbish   basura (nf)
rucksack   mochila (nf)
ruler   regla (nf)
run   correr (v)
run away   fugarse (v)
run over   atropellar (v)

s

sad   triste (adj)
sadly   tristemente (adv)
salad   ensalada (nf)
salary   salario (nm)
salt   sal (nm)
same   mismo (adj)
sandwich   bocadillo (nm)
Saturday   sábado (nm)
sauce   salsa (nf)
save   salvar (v) (rescue), ahorrar (v) (money)
say   decir (i) (v)
scarf   bufanda (nf)
school   colegio (nm), cole
school   escolar (adj)
science fiction   ciencia-ficción (nf)
Scotland   Escocia (nf)
Scottish   escocés (nm, adj)
sea   mar (nf)
season   estación (nf)
secondary school   instituto (nm), insti
secretary   secretaria (nf)
see   ver (v)
seem   aparecer (v), parecer (v)
selfish   egocéntrico (adj)
selfishly   egoístamente (adv)
sell   vender (v)
send   enviar (v), mandar (v)
sense   sentido (nm)
sentence   frase (nf)
September   septiembre (nm)
series   serie (nf)
serious   serio (adj)
set off   partir (v)
several   varios (nmpl)
share   compartir (v)
she   ella (see Grammar index)
sheet (of paper)   hoja (nf)
shellfish   marisco (nm)
shine   brillar (v)
shirt   camisa (nf)
shoe   zapato (nm)
shoe shop   zapatería (nf)
shop   tienda (nf)
shop assistant   dependiente (nm/nf)
shopping   compras (nfpl)
shopping, to do the   hacer (v) las compras
short   corto (adj)
show   mostrar (ue) (v)

shower *ducha (nf)*
shy *tímido (adj)*
side *lado (nm)*
signature *firma (nf)*
simply *simplemente (adv)*
since *desde (prep)*
sing *cantar (v)*
singer *cantante (nm/nf)*
sister *hermana (nf)*
situation *situación (nf)*
skate *patinar (v)*
skateboard *monopatín (nm)*
skating *patinaje (nm)*
ski *esquiar (v)*
skiing *esquí (nm)*
sky *cielo (nm)*
sleep *dormir (ue) (v)*
slowly *lentamente (adv)*
small *pequeño (adj)*
smile *sonrisa (nf)*
smoke *fumar (v)*
smoking (area, seat) *fumador (adj)*
snacks *tapas (nfpl)*
so *tan (adv)*
so much *tanto (adv)*
so-so *regular (adj)*
sock *calcetín (nm)*
some *algún (adj)*
something *algo*
sometimes *a veces*
son *hijo (nm)*
song *canción (nf)*
soon *pronto (adv)*
I'm sorry *lo siento*
soup *sopa (nf)*
south *sur (nm)*
souvenir *recuerdo (nm)*
spaghetti *espaguetis (nmpl)*
Spain *España (nf)*
Spanish *español (nm, adj)*
speak *hablar (v)*
special *especial (adj)*
speed *prisa (nf), velocidad (nf)*
spend (money) *gastar (v)*
spend (time) *pasar (v)*
spoon *cuchara (nf)*
spoonful *cucharada (nf)*
sport *deporte (nm)*
sports centre *polideportivo (nm)*
sportsman/woman *deportista (nm/nf)*
sporty *deportivo (adj)*
spring (season) *primavera (nf)*
square (place) *plaza (nf)*
stadium *estadio (nm)*
staircase *escalera (nf)*
stamp (postage) *sello (nm)*
start *comenzar (ie) (v), empezar (ie) (v)*
station *estación (nf)*
stay *quedarse (v)*
steak *filete (nm)*
stick *pegar (v)*
sticking plaster *tirita (nf)*
still *todavía (adv)*
sting *picadura (nf)*

stop (doing something) *cesar de (v)*
stop *parar (v)*
stop (come to a stop) *pararse (v)*
storm *tormenta (nf)*
story *historia (nf)*
strange *raro (adj)*
street *calle (nf)*
strict *estricto (adj), severo (adj)*
stroll *pasear (v), dar (v) un paseo*
stroll *paseo (nm)*
strong *fuerte (adj)*
student *estudiante (nm/nf)*
study *estudiar (v)*
stupid *estúpido (adj)*
stupid behaviour *tonterías (nfpl)*
subject (of study) *asignatura (nf)*
success *éxito (nm)*
such *tal*
suddenly *de repente (adv)*
sufficient *suficiente (adj)*
suit (of clothes) *traje (nm)*
suitcase *maleta (nf)*
be suited to *convenir (ie) (v)*
summer *verano (nm)*
sun *sol (nm)*
Sunday *domingo (nm)*
sunny, to be *hacer (v) sol*
superb *estupendo (adj)*
supermarket *supermercado (nm)*
sure *seguro (adj)*
surname *apellido (nm)*
surprise *sorpresa (nf)*
survey *encuesta (nf)*
sweep *barrer (v)*
sweet (confectionery) *caramelo (nm)*
sweet (pudding) *dulce (nm)*
sweet shop *confitería (nf)*
swim *nadar (v)*
swimmer *nadador (nm)*
swimming *natación (nf)*
swimming pool *piscina (nf)*
switch on *encender (ie) (v)*

t

T-shirt *camiseta (nf)*
table *mesa (nf) (furniture), tabla (nf) (grid)*
tablet *pastilla (nf)*
take *tomar (v)*
take drugs *drogarse (v)*
take out *sacar (v)*
take turns! *¡túrnate!*
tall *alto (adj)*
tape *cinta (nf)*
tape recorder *magnetófono (nm)*
task *tarea (nf)*
tea *té (nm)*
teach *enseñar (v)*
teacher *profe (= profesor(a)) (nm/nf)*

team *equipo (nm)*
technology *tecnología (nf)*
telephone *telefonear (v)*
telephone *teléfono (nm)*
television *televisión (nf)*
temperature (fever) *fiebre (nf)*
tennis *tenis (nm)*
terrace *terraza (nf)*
terrific *fenomenal (adj)*
text *texto (nm)*
thank you *gracias*
that *eso, que (see Grammar index)*
that's enough! *¡basta! (v)*
the *el, la (see Grammar index)*
theatre *teatro (nm)*
then *entonces*
there *allí (adv)*
there is, there are *hay*
thermometer *termómetro (nm)*
thief *ladrón (nm)*
thin *delgado (adj)*
thing *cosa (nf)*
think *opinar (v), pensar (ie) (v)*
this *esta, este, esto (see Grammar index)*
thousand *mil*
throat *garganta (nf)*
Thursday *jueves (nm)*
ticket *billete (nm)*
tidy *arreglar (v)*
tie (necktie) *corbata (nf)*
time (occasion) *vez (nf) (veces)*
time *tiempo (nm)*
timetable *horario (nm)*
tin *lata (nf)*
tip (in restaurant) *propina (nf)*
tired *cansado (adj)*
to *a*
to the *al (= a + el)*
toast *tostada (nf)*
together *junto (adv)*
tomato *tomate (nm)*
tomorrow *mañana*
too *demasiado (adv)*
on top of *encima de (prep)*
total *total (nm, adj)*
touch *tocar (v)*
tourist *turista (nm/nf); turístico (adj)*
towel *toalla (nf)*
town *pueblo (nm)*
town hall *ayuntamiento (nm)*
toy *juguete (nm)*
track *pista (nf)*
tracksuit *chándal (nm)*
tradition *tradición (nf)*
traditional *tradicional (adj)*
traffic *tráfico (nm)*
train *entrenarse (v)*
train *tren (nm)*
trainer (shoe) *zapatilla (nf)*
training *entrenamiento (nm)*
transport *transporte (nm)*
travel *viajar (v)*

traveller *viajero (nm)*
tree *árbol (nm)*
tremble *temblar (v)*
tremendous *tremendo (adj)*
trip *excursión (nf)*
trousers *pantalón (nm)*
true *verdadero (adj)*
truly *verdaderamente (adv)*
try *tratar (v)*
Tuesday *martes (nm)*
TV *tele (= televisión)*
twin *gemelo (nm)*
type (sort) *tipo (nm)*

u

ugly *feo (adj)*
umbrella *paraguas (nm)*
uncle *tío (nm)*
underground *metro (nm)*
understand *entender (ie) (v)*
unemployed *parado (adj)*
unemployment *paro (nm)*
unexpected *inesperado (adj)*
unforgettable *inolvidable (adj)*
unhappy *infeliz (adj)*
uniform *uniforme (nm)*
United States *Estados Unidos (nmpl)*
university *universidad (nf)*
unload *descargar (v)*
until *hasta (prep)*
urgently *urgentemente (adv)*
use *utilizar (v)*
used *usado (adj)*
useful *útil (adj)*
useless *inútil (adj)*

v

vacuum cleaner *aspiradora (nf)*
valley *valle (nm)*
various *variado (adj)*
vegetable *legumbre (nf), verdura (nf)*
vegetarian *vegetariano (nm, adj)*
verse *verso (nm)*
version *versión (nf)*
very *muy (adv)*
vet *veterinario (nm)*
victim *víctima (nf)*
video *vídeo (nm)*
videogame *videojuego (nm)*
violence *violencia (nf)*
violin *violín (nm)*
visit *visita (nf)*
visit *visitar (v)*
vowel *vocal (nf)*

w

wage *sueldo (nm)*
wait for *esperar (v)*
waiter *camarero (nm)*
wake up *despertarse (ie) (v)*
Wales *País de Gales (nm)*
walk *ir (v) a pie*
wall *pared (nf)*
wallet *cartera (nf)*

VOCABULARIO

wallet file   carpeta (nf)
want   desear (v), querer (ie) (v)
war   guerra (nf)
wardrobe   armario (nm)
wash   lavar (v)
wash yourself   lavarse (v)
wash up   lavar (v) los platos
watch   reloj (nm)
watch   ver (v) (TV); vigilar (v)
watch out!   ¡cuidado!
water   agua (nf)
waterfall   cascada (nf)
way   manera (nf)
we   nosotros (see Grammar index)
wear   llevar (v)
weather   tiempo (nm)
wedding   boda (nf)
Wednesday   miércoles (nm)
week   semana (nf)
weekend   fin de semana (nm)

well   bien (adv)
well ...   pues ...
Welsh   galés (nm, adj)
west   oeste (nm)
what   que (see Grammar index)
what?   ¿qué? (adv) (see Grammar index)
what a ...!   ¡qué ...! (see Grammar index)
wheel   rueda (nf)
when   cuando (¿cuándo? in questions)
where   donde (¿dónde? in questions)
where to?   ¿adónde?
which   cual (adj) (¿cuál? in questions)
while   mientras
white   blanco (adj)
who   quien (¿quién? in questions)

why?   ¿por qué?
wife   esposa (nf)
wind   viento (nm)
window   ventana (nf)
windsurfing   windsurf (nm)
windy, to be   hacer (v) viento
wine   vino (nm)
winter   invierno (nm)
wish   desear (v), querer (ie) (v)
with   con
with me   conmigo
with you   contigo
without   sin
woman   mujer (nf)
wonderfully   excelentemente (adv)
wood (substance)   madera (nf)
word   palabra (nf)
work   trabajar (v)
world   mundo (nm)
worried   preocupado (adj)

worry   preocuparse (v)
worse   peor (adj)
write   escribir (v)

y

year   año (nm)
yellow   amarillo (adj)
yes   sí
yesterday   ayer
yet   todavía (adj)
yoghurt   yogur (nm)
you   tú, vosotros (see Grammar index)
young   jóven (adj)
younger   menor (adj)
your   tu, su, vuestro (see Grammar index)

z

zero   cero